JN409994

여기서 뭐 하시예

여기서 뭐 하시예

허미달의 작은 이야기

장백

머리말

어느 날 하고 싶은 이야기가 생겼습니다. 도시에 있는 벗들께 들려주고 싶었지요. 말주변이 없던 터라 좀체 말문이 열리질 않데요. 그냥 항아리에 담아두고서 날을 보냈습니다. 해가 가고 또 바뀌는데 어쩌다 향을 맡아봐도 시큼털털하여, 잊고 지내기가 흔해졌습니다.

몇 해가 지나서 시골에서도 뒤늦게 피시방에 입문해서 바둑에 몰입했습니다. 이년 넘게 그러다 보니 눈도 침침 마음도 침침. 이러다 속절없이 가도 할말 없겠구나 싶었습니다. 어느 봄, 허름한 피시방 천정에서 조로록 떨어지는 몇 구절을 받았습니다. 그게 시작이 되어 어느 웹창에 한 잔씩 이야기를 올리는데 댓 잔 따르고 나니 항아리가 썰렁, 독백체가 되었습니다. 이 년 걸려 끝냈는데 돌아보니 그제야 미진함이 한참 보이데요.

그 뒤에 블로그란 걸 해보다가 다시 손을 댔습니다. 몇날씩 그림도 그려 넣고, 이야기체로 바꾸는 작업. 역시 버거웠습니다. 오래

묵을수록 향이 짙어지는 술이 있다던데 이야기도 그런 건지? 이제 됐다고 손을 털었다가 한해 지나서 보면 그게 아니었습니다. 다시 삼년고개를 넘었네요.

이제 와서는 우리 곁을 떠나는 벗도 늘고, 이래저래 고장도 잦아지는 시절이 왔나봅니다. 늦으나마 책자에 이야길 담아 벗들께 바치오니 한가한 짬에 작은 위로가 된다면 다행입니다. 스스로 목동을 자처했던 벗 이유태가 이 이야기에 발판을 주었습니다. 먼저 떠난 벗 목동에게 그리움과 감사의 정을 보냅니다. 더러 이야기를 들어주고 오래 기다려주신 구순 어머니께 마저 이야기를 들려드릴 수 있다면 좋겠습니다. 이 이야기에 살을 준 분들께, 알게 모르게 도와준 분들께 큰절 올립니다.

2011년 봄에

허미달

목 차

머리말 | *5*

굴러온다 | *13*
어느 모르는 | *17*
새우꿈 | *24*
별난 놈 | *27*
사연 많은 날 | *31*
앉은뱅이 | *39*
사슴아 구름아 | *43*
별난 꿈 | *47*
전설 마당 | *51*
선녀와 나무꾼 | *55*
궁궁 | *61*
귀양살이 동무 | *65*
이상한 도둑 | *69*
정체를 밝혀라 | *72*
함정 | *76*
봄이 오는 곳 | *80*
약속한 말씀 | *83*
늘어난 식구 | *88*

농사를 묻다 | *91*
대답 좀 주소서 | *94*
왜 그랬지 | *96*
뒤늦은 소식 | *100*
스무고개 | *104*
오래된 숙제 | *109*
완전히 갔다 | *113*
못된 산새 | *116*
질긴 놈 | *119*
우와 고맙다 | *122*
다시 오지 않으리 | *126*
천렵 | *129*
늑대와 구미호 | *132*
멋진 뒷간 | *137*
어디 갔지 | *140*
여기 반짝 저기 반짝 | *143*
밧줄을 내리소서 | *145*
새들이 우는 마음 | *148*
이 꼬리가 니 꼬리냐 | *151*
시계를 벗고 | *155*
여름 풍경 | *159*
여기서 뭐 하시예 | *162*
남겨진 신발 | *168*
벽장 속에서 | *170*

팔월의 수확 | *174*
마음과 물정 | *178*
용궁 소식 | *182*
팔려가는 당나귀 | *185*
길 잃은 나그네 | *188*
멋진 실험 | *192*
달에 부침 | *195*
희망이 뭐냐 | *200*
안개 | *205*
생강나무 | *208*
내공 시험 | *213*
품느냐 마느냐 | *216*
위대한 작품 | *219*
여기가 어디쯤이요 | *222*
돈이 최고다 그자 | *225*
헤고 또 헤고 | *231*
요것 보셔요 | *235*
숨어 있는 것들 | *238*
그것을 뭐라 했나 | *242*
날아라 춤춰라 | *246*
만나고 헤어지고 | *249*
술래놀이 | *252*
놀라운 체질 | *255*
두고 간다 | *257*

"

도시의 고독한 벗에게 이 이야기를 보냅니다.

"

굴러온다

예전에 충청도 어느 산골에 어느 날 괴이한 물체가 굴러 들었더란다.

그러니까 한 해가 어느덧 기울어 가던 무렵이었어. 여남은 집이 옹기종기 모여 앉은 한켠 돌담장 아래, 머리 허연 할배가 쪼그리고 앉아서 물끄러미 동편을 바라본다. 앞논은 이 논배미 저 논배미 다 바닥을 드러내고 텅빈 운동장이로구나. 담배 한 대 붙여 물고선 멀거니 보고 있다. 저편에 개울 건너 매끈한 찻길이 깔려 있고, 너머로 산자락에 띄엄띄엄 집채가 앉았으니 거기에 뭐 볼 게 있나? 길인들 집인들 사람 그림자 하나 없고 기슭 한켠 논자락에 누렁개 몇 마리가 뛰고 구불고 있구나.

한숨처럼 후욱 담배연기가 날고, 하늘에 구름뭉치가 날고, 그 아래 삿갓 봉우리 우뚝 섰다. 긴 장삼자락 펼친듯 남으로 남으로 뻗치면서 주름주름 골골에 푸른 솔 누런 갈 품고 있다.

그때야. 저 남쪽에서 승용차 한 대가 주르르 오더니 건너편 어귀에 스윽 멈춘다. 못 보던 찬데 사람이 두엇 내리더니 주위를 휘이 둘러보며 올망졸망대더니. 무슨 풍수를 보는지, 쉬를 하는지 말이야. 그러다가 다시 차가 굴러가니 저수지쪽이야. 높다란 둑이 누런 풀옷을 두르고 턱 섰다. 더러 낚시꾼들이 찾아오기도 하고 또 고개 너머로도 통하는지라. 근데 어라, 금세 차가 도르르 내려오더니 건너편 어귀에서 이번에는 기슭을 타고 보르르 오른다.

어귀에 몇 집을 지나서 밭자락 사이로 스르르, 인삼밭도 지나고 고추밭도 지나고 구부렁 오르다가 턱 섰구나. 거기에 또 집이 두어 채 있는데, 첫집은 빈집이요 그 옆은 과수댁이라. 마침 과수댁은 딸네 집에 다니러 가고 아무도 있을 리 없는데. 남자 셋이서 빈집 담장을 넘어다보고, 한 놈은 과수댁을 기웃대다가 주위를 휘이 둘러보다가.

기어이 빈집 대문이 열렸으니 시든 풀이 자욱한 마당을 지나 마루가 맞이한다. 집채는 덩그런 사간집이라 한때는 사람들이 둥당거릴 때가 있었던저. 이제는 풀줄기 무성하고, 한짝 남은 부엌문이 삐걱삐걱 노래를 한다.

마루에 보따리며 상자며 짐이 놓이고, 셋이는 방문을 열어보곤 두런두런, 대문 쪽에 헛간을 두런두런, 헛간에 한 아름 장작이랑 두어

아름 나뭇단을 두고선 무슨 품평을 한다. 옆켠으로 돌아드니 과수댁 사이에 돌담장은 엉그러져서 개라도 넘겠구나.

연기가 뭉게뭉게 솟아났어. 그런데 굴뚝에서 솟는 게 아니라 마루 밑에서 방에서 문짝에서 풍풍 쏟아나온다. 부엌 옆방은 좀 나은데 그 곁방은 아예 연막실이야. 한쪽 구들이 너부죽 내려앉았으니 말이야.

다시 차가 스르르 기슭을 내려와 찻길을 굴러가는데 한 머시기는 남아서 오도카니 바라보고 있었으니, 비쩍 마른 북어꼴에, 희나리 낯짝에, 웃머리가 반질반질 광을 뿜는다.

동짓달 겨울해가 일찌감치 산을 넘고 스르르 어스름이 깔린다. 때가 때인지라 산천이 적막하고 인적도 적막한데 냉돌방 아랫목에 벽을 끼고 누운 머시기. 자빠진 장승인 양 꿈적이 없다. 하긴 말상대가 있어 뭐가 있어. 그저 눈 감고선 이승길을 더듬는지 저승길을 더듬는지 적막이 오래다. 인생길 세상길이 몇 구비라서 이 구비까지 왔던고.

그때야, 불시에 벽력이 쳤으니. 움웨—에! 죽창을 맞았던지 돌진을 하잤던지 문종이를 버르르 흔든다. 머시기 눈이 번뜩 떠졌어. 금방이라도 달려들 듯이 우렁찬 소리가 마당을 질러 날아오는데 그게 무슨 풍악이라고 귀를 쫑긋 세우고 있었어.

점점 사위가 꺼무룩해졌지. 가로등 두어 개가 황색불을 키고 보초를 섰는데 그 집 문종이에도 흐릿한 불빛이 있었어. 알롱알롱 촛불이. 이윽고 촛불이 폴싹 꺼지고, 아련히 컹컹 짖어대는 소리만 밤하늘을 덮고 있었어.

어느 모르는

한밤중에야 또 날아든 게 있어서, 고갯마루 산마루 넘으며, 밀치고 제치고 몰아온다. 휘우우웅~ 줄기줄기마다 퉁겨대고 구멍구멍마다 불어대니, 들들 산산이 휘오오오~ 풍악을 지르고 부르르 절을 한다. 길고 긴 행차가 한밤을 지날 적에 냇물은 기어이 하얀 껍적을 둘러썼더라.

아직 캄캄한데 그 집 방문이 비그덕 열리더니 머시기가 나와. 무슨 원한이 졌던지 이를 앙 물고선 마당으로 내려와서는 담장께에 오줌을 치익 갈긴다. 막 발길을 떼려는 참에 허연 눈망울에 맞닥뜨려서는 끔쩍하였구나. 자 그 오밤중에 무엇이 염탐이던고. 담장 너머 꺼먹한 하늘에 허연 동자가, 아니 그날따라 어찌 그리 많아서, 하늘 반 별 반으로 와르르땅땅 눈망울을 밝혔으니. 들켜도 오지게 들켰네, 입이 딱 벌어졌어.

컴컴한 부엌에 얼룽얼룽 불빛이 비치고, 불 앞에 쪼그린 머시기가 손 모아 삭삭 빈다. 손으로도 모자라 두 발로도 삭삭 빌고 입에서 하얀 비나리를 쏟아낸다. 불 위에 나뭇가지가 오르고 삭삭 빌고 돌돌 굽고 그러기를 한참일 제, 멀리서 꼬끼오오~ 첫닭이 울어. 별빛은 아직도 쏟아지고 있건만.

삿갓산 가슴은 아직 거무룩한데 어깨 너머로 하늘이 희부윰해 오더니, 이제 저 건너 서쪽 머얼리 몽실몽실한 봉우리들이 여린 햇살을 머금으며 부스스 깨어난다. 두 겹 세 겹 올록볼록 북으로 주욱 뻗은 그 위로 철새 몇 마리가 너풀너풀 날아와 저수지 위를 비잉 돌아. 둑 아래 언덕을 끼고 옹기종기 모인 집들, 굴뚝마다 뭉실뭉실 젖빛 연기가 피어오른다.

자, 간밤에 찾아온 추위는 수도꼭지를 꽁꽁 얼려 놓았는데, 머시기는 담장가에서 건너편을 내다보다가 마당을 오가다가. 담장가 화단에는 누렇게 시든 붓꽃 잎새가 더부룩하고 거뭇거뭇 시들어 자빠진 함박꽃대도 있고 앙상한 가지를 들고 선 감나무도 있었어. 근데 마당에 있는 나무든 풀이든 화초든 그 이름을 댈 수 있는 게 하나도 없더란 말이지. 아니 그러니까, 실인즉 머리 속에는 이런저런 이름자가 잔뜩 들어 있어서, 이놈들이 달그락달그락 비죽비죽 나서긴 했지. 근데 그게 번지수가 맞아야 하는 것 아냐? 대체 번지수도 모르고 나서긴 뭣 하러 나서. 하긴 혹자는 그런 이름자가 많은 걸 두고 유식이라고도 하여서, 그걸 요리조리 잇대 놓으면 아주 그럴사한 말씀이라, 시가 되고 설이 되고 경이 되나니 천지를 통한다 이거야. 그러니 저 머시기를 무식하다 해도 될런지. 혹시 실례가 아닐지……. 헌데 머시기가 그때, 내가 참 무식하고나 싶더란다.

이 무식이, 그러니까 이제 머시기가 무시기가 된 거야. 이 무시기가 담장 밖으로 가지를 죽죽 벋은 뽕나무, 그 이름모를 나무를 만져 보는데, 이상했어. 어느 날 객지에서 돌아와 에미 얼굴을 만져보는 그런 손길이야. 나무야 그저 말이 없었지. 화단가에 쪼그려앉아 시든 화초를 건드려 본다. 아무거나 신기해 하는 아이들처럼. 거참 이상타. 제 무식이 갑갑하지도 않나.

하긴 기막힌 경치를 대했을 적엔 말이란 게 참 짧구나 싶고, 또 감동이 물썽할 적엔 말문이 막히는 법이라. 그러니 무시기한테 뭐가 오긴 왔던가.

어느 모르는 산 아래
어느 모르는 집에서
어느 모르는 아침을 맞으니
본 듯한 하늘
본 듯한 나무
본 듯한 풀

여기 있는 이…… 이는 누구시더라

이쯤 되었것다. 그때야, 저수지 쪽에서 버스가 한 대 도르르 내려오더니 마을 어귀에 섰어. 학생 두엇 태우고 또 논밭 사잇길로 종종걸음쳐 오는 아줌마까지 느긋하게 기다린다. 다시 차가 부르릉 떠나는데 문득 젖빛 연기가 파르르 윤기를 띤다. 햇살이 드는 거야. 동편 기슭은 아직도 그늘인데 그 집 담장 위에 빼꼼 내민 고개는 누굴 기다리는 겐가.

거북이걸음으로 엉금엉금 기고 또 기어서 이윽고 그 집 담장 위에 햇살이 걸터앉았지. 무시기가 두 손을 내밀어 햇살을 받아들고선, 무슨 선물을 받은 듯이 말이야.

화단 쪽에 양지가 조금씩 불어났어. 무시기는 즐비한 쑥대 사이를 왔다리 갔다리, 비썩 시든 쑥대가 어깨를 견주는데 끄트머리를 톡 잘라서 요리조리 살펴보다가 코에 대고 냄새를 맡아 보다가 고개를 갸우뚱하고 있어. 글쎄 쑥국이나 쑥떡은 먹어봤어도 고게 쑥대인 줄은 모른단 말이지. 허허, 자 그래서 그게 싸릿댄지 조릿댄지 무슨댄지 모르니까 또 어찌 보면 누가 일부러 심어놓은 것처럼 고루 자랐으니…… 고민을 한다. 이걸 치워야 되나 말아야 되나.

만약에 고게 쑥대다, 그걸 알았더라면 어쨌을 꺼나. 아마 눈을 끔벅끔벅 하다가는 제 머리나 무릎을 탁 쳤겠지. 아항, 그러니까 이게 바로 쑥대밭, 그거로구나. 그러고서 으흠, 쑤욱대애머리이~ 귀이신형

요옹~ 한 소절 뽑으면서 오도방정을 떨었을 게 분명허다.

아니 대체 머리가 다 빠지도록 어찌 쑥대도 모르던고. 그러니까 원래 저어기 남쪽에 도시에서 자랐더란다. 그러다가 머리가 좀 굵어질 즈음엔 서울이라는 데엘 가서 이리저리 굴러 다녔더란다. 거기엔 오죽이나 할 일이 많아. 그러니 나무라고는 삭정이 한 단 해본 적이 없고 농사라고는 콩 한 줌 지어본 적이 없더란 말이지.

뱃속에서 쪼르륵 소리가 울린다. 잠시 궁리를 하던 무시기가 방으로 들어가서는 아침밥을 먹는다. 가방 속에서 봉지를 꺼내 귤을 날름날름 까먹는다. 그러곤 입맛을 다시면서 담배를 척 피워 문다.

한낮이 되니 마당에 햇살이 가득 찼어. 무시기는 남향을 한 작은 광 앞에 길쭘한 널판 의자에 앉아 마냥 볕바라기를 하고 있어. 그러다가 주위를 두리번두리번 하다가 부엌으로 들어가더니, 쇠꼬챙이를 들고 나오는데 그 끝에 꼬마 손바닥만한 납작한 쇳조각이 붙었어. 뭔가를 긁어내는 연장인가 본데 이제 그걸 괭이 삼아 마당을 고른다. 언 땅에 그런 괭이가 자알 먹히것다.

얼마 못 가서 후유 하면서 멍청히 섰다가 또 괭이질을 해. 그러다간 이마에 땀을 훔치고는 또 쉬고. 담배 한 대를 피우고. 그러곤 드디어 마당에 선 쑥대를 지끈지끈 분질러서는 부엌문 앞에 모아둔다. 그게 불쏘시개로는 그런대로 쓸 만했거든.

단감 두 개로 점심을 하고 마루로 나온 무시기가 한쪽켠에 밥솥을 물끄러미 바라본다. 오라, 전깃줄이 달린 걸 보니 편리한 전기밥솥인

걸. 헌데 전기가 끊어졌으니 오히려 쓸모가 없구나.

해가 서산 위에 한 뼘쯤 남았을 때 쇠대문을 삐걱 열고 무시기가 허연 물통을 들고 나온다. 옆집 대문을 기웃거리다 손으로 밀어도 안 되니까 길을 더 올라가. 널찍한 밭 위쪽에 흙담장 두른 집이 번듯 서 있는데 문간에 큰 개가 으르렁 왈왈 하니까 살금살금 지나쳐서 더 올라가더니 낭패한 얼굴로 허겁지겁 내려와서 이번에는 아랫길로 쪼르르 내려간다. 인삼밭 아래 두어 집은 그냥 지나서 찻길가까지 부리나케 가더니.

무시기가 물통을 들고서 낑낑 올라올 적에 꼬부랑 할매가 지팡이를 짚고 내려오거든. 굽신 인사를 하니 할매가 허리를 반쯤 펴고서 이마께 손을 얹고, 이게 누구더라? 바라본다. 할매, 할매, 그걸 알면 진짜 용치. 무시기가 손짓을 하면서 뭐라고 뭐라고 하니까 그제서야 고개를 끄덕이다 다시 꼬부랑 허리를 하고 길을 간다.

그날 저녁 무시기의 밥상에 드디어 밥이 올랐어. 시꺼멓게 그을린 냄비에 김이 모락모락 나는 물렁죽밥이라. 무시기가 죽밥을 아귀아귀 퍼 넣고선 김치를 쭉쭉 찢어서 냠냠 먹어대는 꼴이라니.

촛불이 조그만 방안을 밝히고 있는데 무시기는 불룩 배에 두 팔을 뒤로 짚고 핵핵거리고 앉았어. 그때 무시기가 한 가지 궁금한 게 있었으니 그게 이렇더란다.

어머니가 담아준 김치가 그렇게 맛있는 줄 몰랐다. 이상하게도 김치가 너무 달았다. 그렇게 달디 단 김치는 처음이야. 어쩌면 김치에다 설탕을 친 게 아닌가? 그게 그렇게도 하는 건지, 혹시 실수로 그랬는지? 그걸 알 수가 없네. 어찌 된 건지 다음에 뵈면 꼭 물어봐야겠다.

새우꿈

딸네 집 갔던 과수댁이 돌아와 보니 거참 이상하다. 오래 비어 있던 옆집에 낯선 자가 기어들었다니. 대체 뭐 하는 놈이야. 집 없는 떠돌인가? 행여 과부 혼자 산다고 무슨 꿍심을 품고 왔나? 고개를 기우뚱 개우뚱 뒤숭숭한 참에, 그때 무시기가 빼꼼 찾아와서는 꾸벅 인사를 한다.

생면부지요, 그 생김이 요상허다. 바람 불면 자빠질 허수아비요, 가늘가늘 손가락이 일꾼 되긴 글렀구나. 그 집을 어찌 알고 왔느냐 물으니, 집임자가 친구요 좀 쉬러 왔다 이거야. 집임자도 타지 사람이요, 또 난데없이 날아든 모르쇠라. 평소에 옆집이 비어서 허랑하긴 했지만, 이 물건이 득이 될지 화가 될지 어이 아리오. 허나 당장에 박정하게 굴 거야 있나. 그저 잘 지내보자 하고 커피를 한잔 내놓는 거였어.

짧은 겨울해가 기울어 가는데, 무시기가 대문 열고 나온다. 밭가에서 얼쩡거리더니 슬그머니 고춧대 하나를 주워서는 도로 들어간다. 그걸 불을 붙여보니 빠지직 빠지직 잘 타거든. 어슬렁 나와서는 밭 저편에 사과나무 가지치기를 하고 있는 쪼그랑 아저씨한테 다가가서 꾸벅 인사를 한다.

잠시 후 희희낙락하여서는 너른 밭을 휘휘 둘러본다. 밭고랑에 뽑아논 고춧대가 쫙 깔렸는데, 그걸 마음대로 갖다 때라는 거였으니. 시골인심 참 좋다 하고는 이제 그 고춧대를 나르는데. 그게 꼭 사슴뿔처럼 생겨서 뭉친다 해도 얼기설기한 게 잘 돼야지. 손으로는 안 되니까 발로 지끈지끈 밟아서 뭉친다.

마당 안쪽에 고춧대 뭉치가 덩싯하니 쌓이자, 이마에 땀을 문지르며 벙그레 웃는다. 이제 집 옆에 땔감도 많겠다, 불이나 실컷 때어 보자 하곤. 아궁이에 고춧대를 밀어넣는데, 일변 밀어넣기가 바쁘게 호르르 타버리고 더러 달린 흰고추도 매운기가 들었는지 기침을 콜록 콜록 눈물을 찔끔찔끔 짜면서 오래도록 불을 땐다.

자, 촛불을 켜놓고 무시기가 술병을 앞에 놓고 앉았구나. 생전 처음 땔감을 수북하니 해 놨으니 그게 예삿일이야. 감개가 무량한지 술잔을 들며, 입을 쭈욱~ 한 뼘이나 찢는다. 글쎄 어떤 사람들은 산으로 가서 나무를 벤다, 자른다, 나른다, 팬다, 그렇게 부산을 떨어쌓더라만. 그때는 고춧대가 그리 귀했던가? 암튼 아궁이에 집어넣은 고춧대가 여러 단이니 이제 뜨거운 밤이 되련가? 무시기 축배가 길더라.

밤이 깊도록 촛불이 꺼질 줄을 모르는데 무시기는 모로 자빠져서 코를 골고 있어. 나무 하느라 제딴에 힘이 들었는지 술이 취했는지 말이야. 한밤중에야 촛불이 훽 꺼졌어.

무시기가 마른 명태를 닮았다 했지만 그게 꼭 그렇지만도 않은 게, 마른 명태는 잘 구부러지지가 않지. 그런데 무시기는 자다가도 이리 옴짝 저리 옴짝 잘도 구부러지니. 새우가 된 꿈이라도 꾸는 건지.

별난 놈

날이 밝자 마당에 나온 무시기가 두리번두리번 한다. 광 문을 열고선 기웃거리다가, 고개를 갸우뚱하고선 화단을 요리조리 살피다가 뛰어가서 대문간을 빼딱허니 바라본다. 쭈그렁 상을 하고선 부엌을 기웃대다가, 부엌 지나 뒤뜰로 가서 기웃기웃. 바삐 오리걸음을 하고 나오더니 마루밑을 빼꼼, 그렇게 온 데를 기웃거리니 대체 무얼 찾는 걸꼬.

허리춤을 붙들고선 다시 화단을 훑고 온 마당을 휘이 돌며 동동걸음을 치다가 후다닥 광 사잇길로 뛰는데, 옆에 그 벽이 빼끔하거든. 쑥 들여다보니 널판때기가 깔렸고 구멍이 숑 났단 말이야. 억세게 반가운 기색을 하고선, 널판때기를 꾹꾹 디뎌 보고 구멍을 스윽 들여다본다. 조 아래 뭐가 홍덩하고 무슨 고요한 냄새가 나거든. 황급히 바지춤을 내리고 쪼그리니.

뭐 똥누는 일이 썩 별스럽기야 하겠냐마는 글쎄 사람이란 건 좀 별나긴 하다. 아무리 급해도 꼭 그럴사한 그런 구멍을 찾아야 되는 건지. 새는 날아가다가도 찌익 싸고 가던데.

게다가 어느 동네엘 가면 그걸 어찌나 천대를 하는지. 그저 가만히 꽁무니에 품고 있을 적엔 그냥 넘어가. 헌데 일단 내놨다 하면 그야말로 치사한 대접을 받는 게 똥이라. 아니, 무슨 자리에서 어쩌다 입을 벙긋하여 똥 하고 입 밖에 한 번 내나 봐봐. 뭐 무식 정도가 아니고 아예 역적 취급이라. 다들 얼굴이 해쓱하야 몸둘 바를 모른다. 자, 그렇게 함부로 입 밖에 내서도 안 되는 물건. 더럽다 못해 아예 무시무시한 그것. 그래서 그 흔적을 소리 소문 없이 해치우는 기술, 그것을 문명의 잣대로 삼았더라.

예전에 그 할배가 들었으면 꺼이꺼이 밤새 통곡을 했것다. 할배가 이웃집에서 한 상 대접받고 놀다가 슬그머니 나오더란다. 그러곤 꼬불꼬불 자기 집으로 가서는 뒷간으로 뛰어든다. 할매가, 그 집 뒷간은 어때서 하니 버러럭 소리치길. 이 아까운 똥을 왜 남 줘! 하더란다.

한참 만에 뒷간에서 나온 무시기, 그 표정이 얄궂다. 꼭 땡감 씹은 표정으로, 에이 탭탭, 차라리 맨땅이 낫지, 탭텟 탭텟 방정을 떤다. 흐음, 맨땅이라. 그게 무슨 소릴까? 하긴 웅덩이에 돌을 던져 봐봐. 무슨 시간차 공격이라고나 할까. 겪어본 사람만 아는 그런 게 있어.

자, 무시기의 하루는 그렇게 시작이 되었어. 느지막한 아침엔 또 그 엉터리 괭이를 들고 마당 한쪽을 팅팅 두드린다. 그러다가 땀을 훔치며 수도꼭지를 틀어 본다. 물이 나와야 말이지. 그러니 이젠 괭이는 던져놓고 수돗가에 모닥불을 피우고선 수도가 녹기를 기다려.

그러다가 배가 쪼로록 소리를 내니까 그 불에다 냄비를 올려서 밥을 해먹고. 그러고도 물이 기별이 없는지라 고개를 갸웃갸웃대는데, 그때 물이 조르륵 하더니 기어이 졸졸 나오기 시작이라. 입이 함박만 해졌다.

어영부영 하루해가 기울어가자 또 아궁이 앞에서 불을 땐다. 거 뭐 불을 땐다고 새우잠 신셀 면하는 것도 아닌데, 그래도 동태잠은 한사코 싫은지. 바깥이 어스름해질 적에사 등을 턱턱 치면서 마당으로 나온다. 허리를 뒤로 한번 휘우뚱 펴고는 방으로 들어간다.

자 그러고 나면 이제 긴긴 겨울밤만 남았지. 마당에 달빛이 은은하니 찾아들고 밤바람은 차가운데. 무시기가 방문을 열고 마당으로 나선다. 근데 그 손에 길다란 걸 들었어. 달빛에 희번뜩 칼을 꼬나들고선 매섭게 째려본다. 대문간 쪽으로 내려치고 또 치고 대문께로 달려간다. 다시 후다닥 밀렸다가는 또 막 대들고. 한참을 그렇게 설쳐 대더니 숨을 핵핵거린다.

허 달밤에 체조한다더니 아닌 밤중에 별난 칼질이라. 그래 번쩍칼이 아니라 목검이라도 그렇지. 그게 어디서 무엇 하던 짓이냐. 사람 겁주는 거냐, 골짝에서 산적질하던 짓이냐~.

다시 날이 밝았어. 어제 일껏 녹여놓았던 수도가 자고 나니 또 떨꺽 얼었거든. 제가 생각하기에도 이건 아니다 싶은지 기가 팍 죽었다. 더운 물을 붓고 흔들고 해봐도 안 되니까 또 불을 놓는다. 이번에는 밑둥을 파서 마른 풀도 집어넣고 재도 집어넣고 되나깨나 이것 저것 넣는다.

하루해란 게 대체 얼마나 되는 거야. 한끼쯤 밥을 하고 마당을 고르든가 잡초를 분지르든가 하고선 햇살 좀 쬐고 또 고춧대 몇 단 뭉쳐서 나르고, 아궁이에 불때고 그러다 보면 하루해가 꼴깍 넘어가거든. 그러니 무시기 제딴엔 바쁜지라, 이것참 산골엔 하루가 금방이네~.

하루는 무시기가 버스를 타고 나갔어. 날이 저물도록 아니 오더니 어둑해서야 집을 찾아든다. 마루에다 한 보따리 턱 내려놓고선. 고무신을 꺼내든다. 새신을 신고 걸어본다 팔딱팔딱 뛰어본다. 그러고선 서둘러 불을 때고 솥에 물이 보글보글 끓으니까 새로 산 플라스틱 통, 베개만한 그 통에다 물을 담고 담요로 꼭꼭 싸서 이불 속에다 모신다.

새로 산 양초를 꽂고서 새로 산 성냥으로 불을 밝히고, 소주병을 꺼내고선 새로 산 오징어에 한 잔 꼴깍 마신다. 그러고선 새로 산 벙거지를 포옥 눌러쓴다. 소주 한 모금에 오징어 한 입 물고선 벌떡 일어나더니 새로 산 문풍지로 틈새를 도르르 막는다.

아이구, 그러니 그날 밤은 찬바람도 덜 덤비고 이불 안도 별났겠다~.

사연 많은 날

무시기가 늘 새우잠을 잤느냐 하면 그렇지도 않았어. 하루 저녁은 이불 밑에 손을 넣다가 엇 뜨거 했으니. 늘 미지근한 게 오히려 살 덕을 보자던 바닥이, 이게 대체 무슨 조환가~ 하고는.

흐흣, 내가 불 때는 게 이제 도가 텄나? 그래, 지성이면 감천이라더니, 흠흠~. 아니 근데 이상타. 어제나 오늘이나 뭐가 달랐더라? 그걸 알아야 할 터인디…….

곰곰 생각을 해 보는데 뭐가 달랐던 게 있어야지, 불 때는 게 그렇고 그랬지 뭐. 그런데 오늘은 어인 일인고? 그것 참 이상타. 하고 보니 아차, 낮에 한 친구가 다녀갔는데, 휴대용 가스레인지를 선물해서 그걸로 삼겹살도 구워먹고 밥도 하고 그랬는데. 그 친구가 대낮부터 아궁이에다 불장난을 하더라니. 길쭉한 기둥감을 하나 넣고선 불을 붙인다고 말이야. 거참 애들이나 똑같다 했더니. 그게 기어이 구들을 뜨겁게 했던가. 무시기 그날 밤엔 이불을 훽훽 걷어차면서 땀을 뻘뻘 뺐더라.

다음날이야. 멍청하니 마루에 앉은 무시기, 그저 가비얍게 먼산을 본다. 뜨거운 방에서 자고 나니 몸이 영 가뿐한지라. 이 산 보다가 저 산 보다가, 멍하니 앉았어. 그러다가 눈을 돌리니 한켠에 쌓인 고춧대요, 저켠에 한 아름 장작더미가 있구나. 고개 들어 먼산을 보고 구름을 보고 끔벅끔벅 앉았어. 그러다가 마루 밑에서 등산화를 꺼내 신고 끈을 볼끈 조이더니. 작대기 하나 들고서 대문을 나선다.

이번엔 과수댁 쪽이 아니라 집 앞을 빙 돌아서 거기 비탈밭을 올라서 골짜기를 척 바라보고는 간다. 내렸다가 올랐다가 사과나무 밭도 지나고 해서 작은 개울을 건너니 이제 폭폭한 낙엽이 좌악 깔렸어. 밭도 없고 인적도 없는 그저 호젓한 산길이야. 작대기를 훽훽 휘둘러 본다. 혹시나 사나운 짐승이 나오면 말이야.

가다 보니 인적이 전혀 없지도 않은 게. 거 뭐야, 눈감고 누운 사람. 불룩한 흙더미 아래 누워서 그저 세상일에 입다문 사람들이 두엇 있었지. 가면서도 이리 두런 저리 두런 하는데 거기엔 구부당한 소나무도 있고 죽죽 뻗은 참나무도 있고, 나무가 많이도 살고 있어. 근데 한쪽에 벌러덩 쓰러진 나무. 무시기 눈빛이 번쩍! 또 가다 보니 부러진 가지며 썩어가는 등걸이며 여기저기 널렸거든. 무시기 입이 헤 벌어져서. 그래 가지고는 이제 그저 가져가기 적당한 걸로 주워 모아서는 낑낑 어깨에 멘다. 서너 걸음 가다가 왈그랑 쏟고는 한 토막 떨궈놓고 저만치 가다가 벌러덩 내리고는 또 한 토막 떨궈놓고.

두어 토막을 간신히 집 마당에 부려놓고선 벙거지를 휙 벗어던지고선 찬물을 한 그릇 벌컥 들이키고. 나무를 바라본다. 두고 온 나무가 영 아깝거든. 밧줄 한 자락 챙겨들고서 다시 나서는 거였어.

무시기가 나무를 주워 모으는 참이었어. 겨울산은 그저 한적하고 낙엽 냄새만 그윽하게 흐르는데 그때 떠르르르르릉 하고 귀청을 때리는 소리, 무시기가 움찔 자라목이 되었어. 또 다시, 떠르르르르릉 골짝을 떠렁떠렁 울린단 말이야. 아니, 이 뭐야. 목탁소리도 아닌 것이 따발총 소리도 아닌 것이, 참 요란도 하다. 가만히 고개 들어 살피는데, 한 군데 키 큰 나무 높다란 등걸에 까무룩한 게 보여. 조막만한 샌데 그게 나무를 쳐댄다, 부리로. 그 소리가 그리도 떠르릉하거든.

그때 무시기가, 골방에 갇혀 있던 한 이름자를 불러냈으니. 알것지웅? 근데 그게 그냥 딱따구리가 아니고, 아하앙 딱따구리!! 였어. 그래서 그 꼴이, 무슨 대단한 발견이나 한 양으로 눈을 박고선 뗄 줄을 모른다. 하긴 정말로 대단타. 번지수도 없이 내내 허깨비로 지내던 그 이름자, 그놈이 드디어 임자를 만났으니. 그때 새가 휘리릭 나무 사이로 날아가 버린다. 무시기, 그 무정함에 놀라 망연히 섰더라.

그날은 겨울치고는 포근했어. 나무를 두 번이나 해온 무시기가 집 밖에서 어슬렁대는데 과수댁 옆 고추밭가에 누렁개가 있거든. 무시기가 꼴꼴 혀를 차면서 불러 보는데 본체 만체야. 얼른 돼지고기 몇 점을 들고 나와서는 개를 유혹한다. 개가 수상한 놈이다 하곤 슬금슬금 달아나 버려.

무시기 머쓱하니 섰다가 아랫길로 내려간다. 어귀에 묶여 있는 개한테 고기를 던져주고는, 저만치 저수지 둑을 바라보고 가는 거야. 둑길을 걷다가 멀리 물위에 앉아 끼룩 끼룩 하는 새도 보았지.

다시 집으로 올라오는데 밭자락에 머리 허연 할배가 있거든. 꾸벅 인사를 한다. 낯빛이 밤껍질 같은 할배는 되려 자기가 주인인 양 앞장서서 집으로 들어선다. 그러곤 마루에 턱 앉아서는 이야기를 꺼내는데 이 집이랑 뒤에 있는 빈집이랑 그 내력이 한참이야. 또 뒤편에 보이는 저 산은 말이야. 아무리 홍수가 나서 세상이 다 물에 잠겨도 저 봉우리만은 잠기지 않어, 그런 산이야. 우와 세상에, 그런 산이? 하긴 할배도 옛날에 어른들한테 들었단다.

또 화단께에 어깻죽지만큼 자란 나무를 보고는, 지난 가을에 단감이 몇 개 달렸더라 하니. 무시기 입이 벙싯하여서는 벌써 눈앞에 알른알른 감을 세고 있다. 할배가 농사짓는 이야기를 또 한 바리 풀어놓는데 무시기는 밑도 끝도 없이 맞장구를 친다. 얘기 끝에, 전번에 논 한 뙈기를 밭으로 갈아 엎었다 하면서, 연거푸 담배를 두 대나 빽빽 빨더니 할배는 그만 집을 나선다.

무시기가 저녁에 불을 때고 있을 때였어. 산에서 날라온 나무를 자랑스럽게 밀어넣고 있는데 부엌 문간에 웬 사람이 나타났어. 둘인데 한 사람은 구면이야. 엊그제 고춧대를 준 그 쪼그랑 아저씨야. 무시기가 벙거지를 벗으며 인사를 하니, 옆에 이 분이 바로 이장님이라 소개를 하는 거였어.

점잖고 인자하게 생긴 이장님은 마루에 앉아서, 추운 겨울을 어찌 나것느냐, 어찌해서 혼자 이런 델 오게 되었느냐 하면서 이런저런 걱정을 한다. 건너편에 산다는 이장님은 무시기가 주워 섬기는 이야길 듣다가, 어두워지기 전에 불이나 실하게 때여, 하면서 나선다. 무시기가 시골에는 참 인정도 많다, 사람들이 참 따뜻하다 하고선.

뜨끈한 라면으로 저녁밥을 때우고, 촛불 아래 일찌감치 누웠어. 그날이 해가 그중 짧다는 동짓날이었지만 무시기한텐 오히려 사연이 많은 날이었지. 산에서 나무도 했지, 딱따구리도 만났지, 그것만도 참 흐뭇한 일인데 또 낮에 그 할배 말이야. 비록 옷도 꾀죄죄하고 살갗이 그야말로 번데기 같았지만 그 뭔가를 본 것 같았어. 뭐랄까, 이 산골에서 뼈가 굵었다? 뭐든 훤해. 집이든 사람이든 농사든, 또 산이든 말이야. 이 일대라면 그저 손금 보듯 훤한, 마치 그걸 뭐랄까. 흐음, 아마 나무로 치면 뿌리라고나 할지? 그것도 길가에 가로수 정도가 아니라 아름드리 당산나무, 그 밑둥에서 굼실굼실 뻗어내린, 땅을 꽉 움켜쥐고선 마침내 땅과 하나가 된 그런 뿌리 말이야.

무시기가 자기도 시골에 살면 그런 뿌리가 생길까, 그게 언제쯤일까 그러는 참이었어. 밖에서 부우웅 차소리가 다가오더니 집 가까이 턱 멈추거든. 이상타. 이 밤에 무슨 차가 다니나 하는데 대문을 두드리는 소리가 들려. 무시기가 흐흣, 제 패거리가 왔구나 하고 뛰어나간다. 문을 여니 패거리는 패거린데, 순찰차 불빛 앞에 이인조 경찰이 떠억 섰으니. 무시기 표정이 화들짝하였구나. 경찰이 점잖게, 신분증을 보자 하니. 그때 무시기 눈길이 차 옆에 내려선 또 한 사람, 그 민간인한테 딱 멈추었어. 한순간 입술이 묘하게 일그러지더니 그만 눈길을 떨군다.

경찰은 무시기가 찾아온 신분증을 들여다보고선 몇 자 적어가며 확인을 한다. 그러고선 차에 올라 떠나간다. 무시긴 여기 놔두고 말이야. 아니 대체 이건 뭐야? 기껏 신분증만 보고 끝? 그래서야 밤새 무슨 일이 없으리랏꼬? 허엇 참.

자 이제 무시기는 촛불 곁에 앉아서 눈을 꿈벅꿈벅, 영 싱뚱한 표정이야. 아니 도시에서는 어느 동네 어느 집으로 굴러다녀도 요런 일은 없었더란 말이지. 그런데 시골에선 이게 어찌 된 거야. 무슨 행패를 부린 것도 아니고 그저 조용히 박혀 있었건만. 게다가 아까 차 옆에 섰던 그 사람. 어스름하긴 했어도 분명 마루에서 이야기를 나눴던 이장님, 그 사람이 아니던가. 이게 어찌 된 거야. 그저 앞에선 자상하게 대해놓곤, 집에 가서 경찰을 불렀다?

무시기 고개가 영 삐딱하다. 제 수상쩍은 게 그렇게 표가 나는가 하고선 거울을 찾다가 하긴 거울이란 게 없는지라 손으로 낯짝을 만져본다. 천장을 보고 누웠다가 모로 누웠다가 입맛을 쩝쩝 다시다가…….

자 그렇게 동짓날 긴긴 밤이 깊어가는데, 한밤중에 결국 제 패거리를 만나긴 만났으니. 이제 다들 큰 잔을 앞에 턱 놓고서 무슨 심각한 얘기가 오간다. 무시기는 코가 빠져서 아무 말도 못하고 앉았어. 그저 모르것네요~ 자, 밤이 깊어 별들은 속닥속닥 그 아래 한패거리는 쑥떡쑥떡 무슨 음모를 꾸미는지. 무시기는 음냐음냐 그렇게 꿈길을 가더라.

그 해 언제쯤이던가. 세상에 한 패거리가 있었으니 번지르르하고 콧대 높은 자들을 답쏙 답싹 채어다가 어느 으슥한 곳에 박아 놓고. 저승사자 행세로 닦달하여 초죽음을 만들고 암흑지옥에 보냈다더라. 그 무리가 스스로 이름하여 지존파라 하였으니. 이런 소식이 세상에 두르르 전해졌것다.

그저 양순하게, 그냥 되는 대로 살아가던 사람들은 세상에 참 그런 파가 있는가, 저승사자가 없다고도 못하것다, 탄식을 하고. 제딴에 떵떵거리며 콧대깨나 세우던 자들은 그저 입맛이 쓰디쓰고 꿈자리가 뒤숭숭한지라. 핏대를 올리면서 버러럭 소리를 친다.

"뭣들 하는 게야! 지존파든 먼존파든 한 놈도 남기지 말으랏! 다시는 영구히 절대로 그런 파가 발붙이지 못하게 하라앗!"

자아 그러니 이제 그놈의 파라는 파는 사그리 뿌리가 뽑히게 될는지 말이야. 당시에 난다 긴다 하던 파들이 실로 적지 않았으니, 강호에 세간에 주리줄줄 뻗치고 돋치고 휘감고 있었더라. 그저 풍편에 떠도는 것만 해도 이러하니 어디 한번 읊어보자.

에고데고 힘들어라 세상 만사 고달파, 심어보세 기어보세 들들박박 기고파, 이번에는 갈아보자 쟁기질로 갈고파, 또 한편에, 엇흠 물렀거라 비켰거라 삐까번쩍 재고파, 일편단심 충성이요 들들닥닥 볶고파, 어디 그뿐이냐. 어어 또, 강호에 달이 뜨니 부어라 마셔라 기분파, 이리 오너라 벗고 놀자 육체파, 샌님 콧대 드노파, 세상 만사 알고파, 에에또 뭐이냐, 이산 저산 마구파, 나올 때까지 계속파, 빌려쓴 돈 못가파, 어디론가 숨고파, 애비 원한 꼭가파, 꿈에 본 내 고향 어서 돌아 가고파, 에엣다 모르것다 두눈 질끈 감고파.

이렇듯 실로 쟁쟁한 파가 우글버글 설치고들 있었더라. 그러니 저 머시기, 아니 무시기란 놈, 대체 어느 파에 무슨 소속이건대 거기서 떠들고 웃고 지지고 볶고 살지, 어찌 하여 이 산골로 굴러들었을꼬. 파뿌리 뽑는단 엄포에 겁먹고 토낀 건지, 무슨 꿈 무슨 야심을 품고 파뿌리 심으러 왔는지 그것이 수상치 아니하냐.

앉은뱅이

며칠이 지났는데 그 집에 별 다른 기척이 없으니.

한쪽에선, 벌써 꽁무니를 뺐다, 통 안 보이더라 하고, 또 한쪽에선, 엊그제 지게 지고 가는 걸 봤다는디 하니. 대체 어찌 된 거냐.

오늘 저녁엔 보니까 연기도 피어나지 않는구나. 자 불도 아니 땠다? 그렇다면 말이지, 꽁무니를 뺀 게 분명허다. 틀림없어. 아니면 내 손에 장을 지지지.

해는 벌써 지고 컴컴한데 아줌마 둘이 마실을 가느라고, 그 집 담장께를 지나다가,

"저 집에 누가 살긴 살어?"

"글씨 말이유. 전기도 없이 워찌 산대유." 하고선 지나간다.

그 집 방문에, 문종이에 어스름한 불빛이 있으니. 그러니 저게 어찌 된 거냐. 아직 있었더란 말인가? 아니 과연 뭔가 있구나, 한 놈이 있어. 어디, 한 놈이다 보니까 그저 말소리도 귀한지라, 지나가는 소리도 귀에 번쩍 듣고서. 눈을 꿈벅꿈벅하다가는, 그것 참 시골사람도 별수 없나 부다. 전기 없이는 못 살아? 그러니 뭐야, 전기란 것도 그게 중독이 되는갑네~.

흐흐흐, 사람이 말이야. 애초엔 목돈 든다고 그냥 전기도 안 넣고서 지내다가 이젠 오히려, 허허전기 우습당 하고 있으니. 이런 걸 두고 뭐라고 하더라. 적반하장? 아니 아전인수? 어쩌면 전화위복? 어이그 글쎄 잘 모르것다. 아무튼 전기 없이 촛불 쓰고 지내면서 무슨 중뿔난 비결이라도 얻었단 말인가.

그 하는 꼴이 이상허다. 마치 큰절을 올리듯 말이야. 너부죽이 엎드려서 마냥 그러고 있으니. 흐흠, 거기에 무슨 비결이 있나? 그렇게 엎드린 채 영 일어날 줄을 모르니.

대체 뭐하는 짓일까? 가만 보니까 무슨 책을 펴놓고선 거기서 시키는 대로 하는 참이야. 그래서 토끼 자센지 개구리 자센지 그걸 하고선 또 촛불 아래 책장을 넘기고 한참 본다. 그게 대체 어디에 쓰는 건가 했더니, 달리 쓰는 게 아니야. 꽁무니를 뺐더란다. 그래서 꽁무니에 좋으라고 그런단다. 그게 무슨 소리냐고? 진짜로 꽁무니를 뺐더라 이 말이야, 응? 그래, 좀 유식한 말로 하자면. 치질 그럴까. 아니면 항문 탈 출 중 그럴까. 뭐 그렇더란다.

흐흠, 그러고 보니 참 요행인지 어쩐지 맞긴 맞았네. 그놈이 진짜로 꽁무니를 빼긴 뺐잖느냐 이 말이야. 자 암튼 그게 안 당해 본 사람은 그저 징글병 정도로나 칠 것이로되, 무시기로선 심히 심각하여 몇 발짝 움직이는 것도 괴로워서 그냥 불도 안 때고 넘겼더란다.

허허, 사람이 거동을 않고서야 어찌 살 수가, 생활할 수가 있것어. 더군다나 시골에서, 이 가난한 시기에 말이야. 그러니까 어디 쌓아둔 장작이 있어, 부릴 머슴이 있어. 한겨울을 넘기자면 부지런히 나무도 하고 톱질도 해야 할 터에. 그냥 앉은뱅이 신세가 되었으니……. 무시기 하는 말이, 엇참 하늘도 무심허십니당.

뭐 이웃에선 기척도 없다, 이상허다 하것지만. 자, 그렇다고 어디 대문간에 나서서 나 이렇소, 할 것이나 되는감? 그저 우거지상을 하고서, 끙끙대며 큰절을 하고 있어. 하긴 약도 썼더란다. 그게 기껏 사다놓고 보니 유효기간이 일년이나 지난 건지라. 무시기, 욕을 퍼붓는데, 예끼 이 고연 놈 같으니라구, 그래 시골 사람이라고 눈뜬 채로 간을 빼먹어? 씨익 씩, 에라이 그러다간 삼대 고자 난다더라 이놈아! 이렇게 핏대를 올리다가. 급한 김에 에라 모르것다, 그것이나마 썼더란다. 그저 평소엔 별 것 아닌 걸로만 쳤던 꽁무니. 막상 그게 분통을 내고 보니 아이쿠나 졌다 하고선. 그저 내가 잘못했다, 용서해 다오, 삭삭 빈다.

헌데 그게 참 이상타. 대체 누가 누구한테 비는 건가? 가만 보니, 그 머리가 그 꽁무니한테 비는 거야. 허헛, 늘 머리가 대장 행세로 살더니 말이야. 헌데 대체 뭘 잘못했더라 하니. 술을 자주 먹어서 그런가? 아니면 불 때느라 늘 쪼그려 앉아서 그런가? 아니 그때 장독뚜껑이 얼음장 같더라니 그걸 깔고 앉아서 그런가? 그래, 엊그제 장판 밑에 구들 구멍 때우느라 오래 쪼그렸지. 그러고 또, 안 하던 일을 너무 심하게 했지 뭐.

하긴 하루는 네 번이나 나무를 했더라. 이러다가 정말로 나무꾼 하나 나겠구나~ 했는데, 그 나무 하는 꼴이 번번이 달랐으니.

사슴아 구름아

자, 나무 하러 간다. 무시기가 나무를 하러 간다. 톱을 들고 산으로 간다. 좀 굵은 둥치를 끌어다가 제 키만큼이나 자르고 해서는 밧줄로 한쪽을 묶어서 질질 끌고 온다.

이번엔 그것도 재미가 없는지 밧줄로 멜빵을 해서는 걸머지고 낑낑 온다. 근데 이러나 저러나 나뭇짐 나르기가 영 마뜩찮거든. 등에 매니 등이 배겨서 탈이고 끌고 오자니 여기저기 걸려서 못쓰겠고.

자 무슨 좋은 수가 없나 하고는. 이번에는 집 뒤에서 지게를 끌어냈어. 한쪽 다리도 절름하고 몸통도 희끔하니 삭았어. 그래도 뭐 썩은 멜빵만 이으면 당장은 쓰겠거든. 그렇게 해서 지게를 지고 나서는데 그 고개가 어째 삐뚜름하다. 지게만 메어도 나무 반 짐이나 되는 것 같으니, 대체 이게 득이 될 건가 말 건가 하고는.

자, 나무를 줍고 톱질도 해서 지게에다 올린다. 이제 지게까지 있고 보니 한층 구색도 맞은지라. "나무꾼이라……" 하고 보니 그때 뒤에서 부스륵 소리가 들려. 혹시 사슴이 왔는가, 휘이 둘러본다. 그래 사슴이 오면? 옳지, 얼른 사슴을 숨겨주자 이거야. 지게 밑에? 아니 저기 덤불 아래가 좋을라. 자 그렇게 숨기고선 시치미를 뚝 떼고 나무를 하는 거야. 다시 주위를 휘이 살피고선, 이제 살며시 불러. 사슴아, 이제 됐어 나와. 그러고서 막, 내 소원은 말이야…… 하고 이야기를 꺼내는데, 그만 사슴 눈을 본 거야. 빼딱한 고개를 하고서 말똥하고 싱뚱하게 보는 그 눈을. 그래서 그만 큭큭대다가 깔깔대다가 아이고 데고 배를 잡고 벌러덩 자빠졌더라. 그렇게 배꼽 하나를 빠뜨리고 깨어보니, 사슴은 온데간데 없고 나뭇짐만 남았구나.

자 구부정 나뭇짐 지고서 작대기 짚어가면서 밭고랑을 내려온다. 그 짐이란 게, 실한 나무꾼의 반 짐은 고사하고, 그저 각시베개만큼이야. 근데도 걸음걸이가 낮술깨나 한 것처럼 비척비척거린다.

무시기가 언덕배기에 턱 멈춰 서더니, 작대기 짚고서 고개를 빼고 휘이 둘러본다. 마을이며 먼산이며, 그때 하늘에 흰구름 두둥실 떠가는지라, 히야 저기 구름 가는 것 좀 봐라, 하고선. 금세 표정이 야릇하다.

어떤 이는 인생이 뜬구름과 같다 그러더니 아닌 게 아니라 허어 참. 한때는 청운의 꿈을 안고서 도시를 쏘다녔더라. 양복에다 넥타이

매고서 머리에 빗질하던 그때가 언제던고…… 근데 이제 졸지에 산골에서 나무꾼? 지게꾼?

그러고 보니, 그 언덕에 선 제 모습이 그저 대명천지에 훤히 드러나버린지라. 앗차, 하고는. 누군가 이걸 보았으면 어쩌나 말이야. 산에서 나무했다고 일러바치기라도 하면…… 쫄딱 망하게 생겼거든. 아니, 진짜로 쫄딱 망했구나. 예전에 자라던 도시에서는 말이야. 지게꾼 그러면 그저 인생 말자로 쳤어. 얼마나 못났으면 지게질이나 하고 살것냐. 근데 이제 지가 지게질을 하고 섰으니…… 진짜로 이것이 무엇이냐? 머리털만 무상한 게 아니고 이 내 신세가 정말로 무상쿠나.

밭길로 비틀비틀 내려오는데, 바로 그때야. 저어기서 오는 사람, 이리로 오는 저게 누구야. 필시 고향 사람이 아니런가! 어찌 머나먼 이곳까지 왔단 말인가. 또 그 옆에 오는 사람, 저건 또 누구냐. 바로 동향 친구가 아니런가! 분명해, 이쪽으로 오는 그 둘이가. 무시기 두 다리가 바르르르, 그만 눈을 질끈 감는다.

저벅저벅 다가와서 손목을 와락 잡고, 천리길 머나먼 곳에 자네를 찾았네 그려. 아니 근데 이 꼴이 웬일인가. 자네가 어째서 여기서 이러고 있는가. 정말로 몰랐네. 어찌 이리 되었는가. 허어 참, 이러지 말고 가세 그려. 어서 나랑 함께 가세. 세상에 어찌 고향만한 데가 있겠는가.

아이고오 맙시오. 제발 그냥 놔두고 가시라요. 아직은 안 됩니당.

여기서 꼬옥 할 일이 있구만요.

하필이면 꼭 이때에, 하필 꼭 이 꼴에……. 무시기, 눈앞이 아드윽~ 하고 다리가 바들바들, 아이고 이제 고향땅엔 다 갔구나. 고개를 외로 꼬고 삐뚤빼뚤 꽁무니를 빼더라.

별난 꿈

날이 밝자 무시기가 기어나오는데, 방에서는 엉금벌금, 마당에선 어기적버기적. 그 걸음이 옷에 똥싼 걸음이라. 아이고 이 내 신세가 망쪼로구나. 이게 왜 이리 말을 안 듣나. 우거지상 쭈그렁상으로 뒷간 일을 보고선, 하릴없이 이불 아래 누웠구나.

두 눈을 질끈 감았다가 다시 빼끔 떴다가. 이불을 푹 둘러썼다가 고개를 빼꼼 내밀었다가. 그 꼴이 꼭 닮았구나. 강물에 떠가는 나무둥치나 같아. 꼴까닥 잠겼다가 빼꼼 솟았다가 그저 하염없이 흘러만 간다.

한번 빼꼼 솟을 적에, 근데 그건 대체 어쩐 일이던가? 그러고 보니 이상타. 어째 찾아오지를 않았을까. 천리길 와서 그냥 갈 리야? 갑자기 급한 일이 생겼던가? 그래서 그냥 산너머로 가버렸나? 아니, 어쩌면 날 못 보았나? 아예 내가 여기 있는 줄을 몰랐을라. 아마도 그래왔것다. 아이그 휘유, 에헐질 번하괘라.

한번 꼴깍 잠겼을 젠, 아이고 이 내 신세 한심도 하고나. 이게 제발 꿈이어라. 그냥 어찌 잘못 들어선 꿈길이어라, 제발. 그래 이왕 꿈이라도 이런 꿈이면 좋으련만.

숲속에 아침햇살 스미어들고 온갖 새 빗종뱃쫑 지저귀누나, 꽃향기 자우룩 흘러 퍼지고 바람은 산들바람 스리살살 불어와, 햇살에 과일은 절로 익어 주렁주렁, 벗들아 오너라 물가에 가자. 오늘은 물고기로 잔치를 하세. 노래하고 춤추어라, 덩더꿍 덩실. 세상 천지 모두가 꿈꾸는 생명. 어루화 상사디야 에헤라 디야.

와르릉 꽝 한켠에서 불벼락 친다. 어림없다 이것들 헛소리들 말으라앗. 어영부영 허튼 꿈일랑 아예 갖다 버리거라. 우리 꿈은 저거닷. 정신 바짝 차리고 달려랏, 달려! 아락바락 소리에 휘릭휘릭 채찍질. 아이그 그렇구나, 걸음아 날 살려라. 어서 가서 저 꿈을 내가 먼저 따야것다. 근데 이게 웬일이요. 아무리 뛰고 아무리 날아도 대체 저기가 어디냐, 가도 가도 삼악도 끝이 없구나. 모질구나 험하구나, 한목숨이 웬수로쎄.

떠가는 나무둥치도 꿈을 꾸누나. 꼴까닥 잠겼다가 빼꼼 솟았다가 어지러운 꿈 꾸면서 흘러를 간다. 자 그러니 사람이란 좀 별나긴 하구나. 그러니까 그 꿈이 별나. 개도 꿈을 꾸는데, 자면서도 쩝쩝 냠냠

네 다리를 와달달달. 사람도 그저 그런 줄만 알았더니, 벌건 대낮에 멀거니 눈뜨고도 온갖 꿈을 꾸어대니, 그게 좀 수상쿠나. 더러는 그 꿈이 배꼽을 빼고 더러는 애간장을 쪼골쪼골 녹이는구나. 대체 그게 다 어디서 나오는가?

말도 말어. 그 동네는 아주 멋진 곳이라 거긴 뭣이든 다 들어 있다네. 허다하고 수다하고 뺀질하고 험악한 그런 세상 물정도 꾸욱꾹 눌러서 담아 두었지. 그게 아니고선 사람으로 살 수가 있는가. 하여서, 이런 꿈 저런 꿈이 뒤섞였으니. 꿈끼리도 치고 박고 싸우는구나. 자 그러니 꿈에 살고 꿈에 죽기다앗! 꿈 없이는 못 산다고 어서 꿈을 키우라고 부채질에 등 떠밀기, 한편에선 꿈을 팔아 떵까떵까 팔자 고친 꿈장사도 생겼구나. 어라, 대체 어느 게 꿈이고 어느 게 생시란 말이요, 어느 장단에 춤을 추란 말이요. 요런 북새통에 정신이 오락가락, 이리 들락 저리 날락이니, 대체 어디가 머시기고 무엇이 거시기냐. 그저 세상에 요런 경치가 다 있나.

해는 지고 또 뜨고, 날은 오고 또 가고. 자 그저 눈감고 엎드린 무시기, 다시 눈을 뜨니 이것이 꿈인가 싶고, 도로 눈을 감으니 이것이 생신가 싶다. 감으니 어리깜깜 동굴이요, 뜨니 휘영부영 방굴일세. 그러니 이게 꿈이냐 생시냐. 이거 지금 여기가 맞나? 무시기, 밑도 끝도 없이 중얼거리니. 여기가 대체 어디요, 세상길이 대체 어디쯤이냐.

어기적버기적 마당에 선 무시기. 하늘 한번 올려다보고 고개를 숙이니. 그대는 대체 어디로 가는 길이던가? 그래 맞아, 분명해. 가는 길이 맞아. 그걸 몰라 묻는단 말이야. 아주 정다운 그곳. 꿈속에도 늘 그리는 곳. 아 꼬옥 가야 할 곳. 그곳에 가기도 전에 이 무슨 꼴이냐. 하늘은 이미 저물고 몸마저 상했으니, 어이 하리오. 어이 가리오. 정다운 그 얼굴, 그 손길을 닿지도 못하고, 이제 그만 여기서 하직이런가. 꿈꾸던 시절도 기다리는 벗들도 속절이 없구나.

전설 마당

그 길로 아주 눈감고 저어기 건너갔나 했더니, 그놈 질기다. 건들건들 그 모습이 보인다.

예전에 그저 반쯤 죽여야 할 놈이라면 그걸 반토막은 못 내고서 멀리 산골로, 섬으로 귀양을 보냈다지. 대처에 살던 놈을, 시골살이를 모르는 한량을 먼 골짝에다 뚝딱 던져 놓으니. 사방이 적막강산이요, 누가 말귀를 알아듣는가 무슨 오락이 있는가. 그저 퀘퀘하고 썰렁한 방구석, 산구석에 박혔으니 속이 허렁버렁, 눈앞이 아삼모삼 하여. 자나 깨나 대처를 그리고 그리다가 얼추 반은 말라 죽더라니. 그것 참 잘 됐다, 속 시원~하다 이거야. 자, 무시기는 어떨라. 그게 귀양이든 야영이든 언제 끝이 날지 말이야.

하루는 무시기가 건너편에 이장댁을 찾아갔어. 안주인이 서글서글 맞아주는데 이장님은 간 데 없고 바깥채에 자그만 온돌방에 머리 허연 할매가 앉았거든. 무시기가 인사드리다가 불려 들어갔으니. 화롯불을 가운데 놓고 할매 둘이 앉았다. 거기가 마을 할매들 모이는 장소라. 이야기도 나누고 라디오도 듣고 그러다 보면 하루가 가고 그러니라. 벌써 옛날이 되고만 이런저런 이야기를 들려주는데, "예전에 장터에서는 소리꾼이 하는 소리도 들었어. 그 중에 심청가가 참 좋았는데 말이여."

무시기가 돌아오는 길에 쯧쯔 혀를 찬다. 거기 놀러온 그 할매는 충주댐 생기는 바람에 이리로 이사를 왔다는데. 배 타고 지나가면 저 아래 고향집에 물고기 떼 노닐고 있단다. 에고, 야속한 세상아. 찾아갈 고향도 없이 어찌 살아가누? 그래도 이장댁에서 무시기보고 반찬 없거든 갖다 먹어라, 고추장도 갖다 먹어라 하니 참 고맙다 하고.

이즈음에 무시기가 한 가지 꿍심을 품었더라. 뭔고 하니, 내친 김에 마을사람이 한번 되어 보자! 이거였어. 아니 그게 무슨 자격증이 나오는 것도 아닌데 그게 탐이 나? 그것 되면 뭐가 달라져? 허허 그래, 도시에 살면 그냥 도시사람으로 치더라지. 헌데 마을에 산다고 그냥 마을사람은 아니더라 이거야. 뭔가 묘한 인연을 안고서, 한통속으로 지내고 있더란 말이지. 돌아보니 나그네 같이 부평초 같이 살아온 인생인지라. 여기에 무슨 단서가 있는 게 아니랴 하고선. 자, 통속도 아니요 인연도 짧으니, 어찌해야 그 속에 끼어나 볼꼬 궁리를 한다.

그렇게 무시기 제 딴에 구할 것도 많고 대적할 것도 많은 게. 나무하고 불 때고 허구한 날 추위랑 싸우랴, 한 입 채우랴, 꽁무니 단속하랴, 마을사람 꿈꾸랴, 바쁘다. 자 도시에선 어쨌던고. 그저 손가락만 톡톡 놀리면 집이 훈훈하고, 주문만 하면 음식이 척척 나오지, 오락이다 영화다 사우나다 문화시설이 얼마야. 여기선 그게 다 헛방이라. 하지만 추위나 불편쯤은 견딜 만하다 이거야. 이래저래 움직이고 밥해 먹으니 밥맛이 괜찮구나~. 그곳 우람한 건물, 휘황한 불빛 까짓거? 아궁이 속에 저 불 좀 봐. 낼룽낼룽 활활 춤을 추네. 장작의 숨길일까 요정의 몸짓일까. 어떤 철학이 있어 저 불의 전설을 노래하리오, 들려주리오. 무시기가 홀로 불춤을 구경하다가 문득 고개 돌리니 한 얼굴이 떴다. 흙벽 앞에 똥고집 개똥철학이 씨익 쪼갠다. 에그 적막이야. 늘 가까이 지내고 부대끼고 할 적에는 몰랐는데, 말벗 하나 그립구나.

다시 밤이 왔어. 무시기가 마당에 나서니, 휘영청 달이 떴구나. 허공에 은초롱을 바라보노니 바라보오니 고요로워라 고요로워라. 무시기가 껄떡 소리친다. '바로 이거닷!' 아니 그게 달이면 달밤이지 거기에 그리던 님이라도 있더란 말가.

하늘에 달빛 호수 먹장어둠 잠기었네
산산에 은꽃이요 천강 은은 잔물결

보름에 바닷물 차오른 양으로 한사리 되어 출렁출렁 노닌다. 은비늘 먹그림자 자욱한 마당을 우리에 갇힌 곰처럼 쏘다니다가 대문을 바라본다. 달을 보고 마당을 건너고 대문에 기대어 입술을 지그시 깨문다.

재너머 벗이 있다면 저 달 들고 재어 가련만…….

선녀와 나무꾼

무시기가 장보러 갔다가 공중전화를 한다. 어미가, 어찌 지내느냐, 이웃나라엔 큰 지진이 나서 많이도 죽었더라 해도 모르쇠로 넘기고. 이제 친구한테 전화를 거니, 친구는 여행을 가고 없고 그 어미가 하는 말이, 오늘 그리로 갈 거야. 그러니 어디 가지 말고 집에 꼭 붙어 있어라, 응.

무시기 얼른 장을 보는데 쪽지를 보아가며 물건을 사고 또 쪽지에 없는 것도 사서. 냄비에, 바가지에, 바께스, 달걀, 부탄가스…… 갑자기 눈발이 휘날리더니, 함박눈이 펑펑 쏟아진다. 눈을 털며 음식점에 들어가 짜장면을 시키고는, 모처럼 외식이라 군침을 삼키는데. 그 음식점은 짜장면만 나오는 게 아니야. 옆에 시골 손님 입담이 한 사발 쏟아진다.

곧 육십이지만 집에 가만히 있으면 갑갑하고 좀이 쑤셔서 못 견뎌, 일 나가면 하루 사만 원은 받어, 하니. 어유 많이 버시네요, 무시기가 장단을 맞춘다.

늙어도 부모가 돈이 있어야지 돈없는 부모는 자식 며느리한테 따돌림받어. 자식들 몇만 원 쥐어주는 용돈 가지고야 어찌 살 수가 있남.

허어 그렇구나. 짜장면 한 그릇 홀랑 비우고선 버스를 타고 간다. 큰길에 내리니 이미 눈은 그치고 길은 질척질척. 한 손에 묵직한 바께스, 한 손에 불룩한 비닐봉지를 들고, 삐그덕 삐그덕 마을 찾아 간다.

일찌감치 불을 때고서, 이미 어둑해지는데도 친구가 오지를 않으니, 이불 밑에 손을 넣고선 고개를 갸웃갸웃, 바람이 횡횡 설치는 날이라. 불을 더 땐다. 그러고 보니 이불 밑이 뜨끈해 오는지라.

흐흐, 추운 데서 들어오면 방이 좀 뜨끈해야지 말이야. 곰같이 느긋한 친구를 떠올린다. 이런 방을 구경이나 해 봤을까. 그렇게 기다리다가 늦게야 요기를 하고서, 왜 아직도 도착을 않는지 이 생각, 저 생각 하다가 아주 땀을 흘리며 잔 무시기.

늦은 아침에 또 불을 때고선 건너편으로 간다. 이장댁 작은 방에를 가니 할머니 몇이 모여 있어. 무시기가 구해온 테이프를 돌리자, 할매들 둘러앉아 낡은 귀를 기울인다. 소리꾼이 목청을 굴리길, 빽덕어

멈이 홀랑 털어 황봉사란 놈과 야반 도주를 하였구나. 할매들 끌끌 탄식이 나오고. 여차저차 심봉사가 간신히 장님잔치 하는 곳엘 당도하였으니, 이제 끝자락이라. 그때 청이가 그 애비를 향하여 버선발로 달려와, 아이고 아버지 아직도 눈 못 뜨셨소, 하니까 심봉사 끔쩍 놀라서 이게 누구여, 이 몸을 애비라 하니 이 누구여, 내게는 아들두 없고 딸두 없소~. 청이가 심봉사 얼골을 매만지며, 아버지 내가 청이요, 인당수에 몸을 던진 청이가 여그 살아 있소 하는 말에 이게 꿈이냐 생시냐. 제 볼따구를 꼬집고, 니가 청이라면 어디 보자, 눈을 흘겨대며 끔벅끔벅 꿈적꿈적 한참 용을 쓰다가, 아이고 갑갑하여라, 기어이 두 눈을 번쩍 떴구나. 그때, 할매들도 박수를 치고 무시기도 가슴이 뻐근하다. 심봉사 눈뜰 적에 개평으로 전국 각지에 봉사들도 쩌억쩍 눈을 뜨는구나.

돌아오는 길에 무시기 중얼대기를. 옛날엔 참 무슨 봉사가 그리 많았던고? 아마 이야기니까 그렇겠지? 아니, 그런데 봉사 눈뜨는 게 뭐 꼭 심봉사만 하는 건가 말이야. 요즈음에 와서는 내가 참 눈뜬 봉사요, 귀뚫린 귀머거리다 그런 생각이 들었으니……. 대체 이 몸에 이 눈은 어찌해야 번쩍 뜨게 될런고. 아이고 막막하여라. 내게는 청이도 없으니, 대체 무슨 수로 언제나 눈을 뜰거나? 무시기가 이렇게 당달봉사 심정으로 둘레둘레 산천을 본다. 과연 그렇게 눈을 뜨면 이 세상 이 산천은 달라 보일까 응?

무시기가 다박다박 논을 끼고 오노라니 양지녘에 향나무 집 할배가 쪼그리고 앉았어. 그 옆에 슬며시 앉으니. 할배도 마침 심심하였던지, 암소가 새끼를 배었는지 어쩐지, 그게 미심쩍어. 요즈음은 거개 인공수정으로 하니 말여, 사람이 때를 맞춰야 돼. 무시기, 외양간에 누렁소를 흘기며, 황소는 없나요 하니. 농사일 하기엔 암소가 순하고 힘도 충분혀.

동편에 우뚝 산이 마을을 굽어보는데, 할배가 한 말씀 하기를, 건너편에 못 보던 차가 올라갔는데 아직 안 내려 와. 그 말에, 무시기 집으로 종종걸음 친다.

엇, 담장 안에, 금방 하늘에서 내려온 선녀가 망을 보고 섰구나. 무시기가 들어서니 친구는 아궁이에 불을 때고 있다. 첫길에 용케도 찾아왔구나 하고.

뜨끈한 이불 밑에 다리를 넣고 앉았다. 어제는 오다가 늦어서 온천에서 자고 왔단다. 벗이 있어 이런 저런 이야길 하다 보니 무시기 목구멍이 간질간질, 자꾸 말라붙는다. 친구는 술을 못 하니, 대작도 못하고 목구멍이 바싹바싹 타는지라. 혼자서 홀짝 한잔을 삼킨다.

그저 귀양살이 살림을 두고 친구가 뭐 도울 일이 없냐고 팔을 걷어붙이니. 그렇다면 어디 나무나 한짐 해 볼래. 실한 덩치에다 허름 옷을 입히고 낡은 지게에다 벙거지 모자를 척 얹으니 금방 나무꾼이 되었구나.

한 무덤 옆에 베어진 나무가 수두룩이었으니. 이 친구, 나무 하기

참 쉽네~ 한다. 그러면 어디 선녀랑 나무꾼이랑 나무 한 번 해 봐. 그래 놓고서 무시기는 저편에 가서 그저 산새랑 구름이랑 놀면서 건들건들, 팔자가 늘어졌다.

자, 이제 갈까. 지게에 나뭇단을 본 무시기, 에게, 지게가 아깝다! 하고 거기에다 묵직한 소나무 둥치 한 놈을 턱 얹으니. 선녀가, 그걸 어찌 지고 가요~ 걱정이다. 처음 하는 지게질을 뒤뚱뒤뚱 마당까지 왔으니. 장하다, 밥 많이 먹어라~.

바람 없는 마당은 따사~하다. 차라도 한 잔 했으면 좋겠다 하는 선녀 말씀에. 무슨 찻거리가 있어야 말이지. 결국 차를 타고 나가서 읍내에서 차를 한 잔 하는데. 무시기 수다가 바리바리 나온다.

오는 길에 친구가 이것 저것 장을 봐준다. 선녀는 마을 아줌마들 드리라고 맛난 빵을 한 아름 사주면서, 이사를 하면 떡으로 인사를 하는 건데 떡 대신 하라 하고. 친구는 나무 해다가 장작도 패고 그래라 하면서 철물점에서 도끼를 고른다. 옆에서 그 마누라 왈, 원래 날이 달린 건 선물하는 게 아니라는데, 사이가 벌어진대.

아니 그런 말이? 무시기 속으로, 뭐 도끼 사주는 게 아까워서 그러는가, 흐흠, 뭐 그게 아니라면 참 별스런 말도 다 있다. 날이 사람 사이를 베는가? 그래서 사이가 벌어지나? 고개가 끼우뚱이다.

자 다시 돌아온 마당에서 다시 금방, 늦기 전에 가야겠다며 친구가 나서니. 차가 보르르 굴러간다. 그 뒷모습에 손을 들던 무시기 돌아서니, 바람이 휘우웅~ 가슴을 뚫는다. 마루에 앉으니, 멀쩡하던 마당이 어째 저리 횅댕헌고.

모처럼 친구를 만나 반갑긴 했는데…… 이제 전보다 더 허전~하거든. 그러니 이게 뭐야? 만나고 헤어지는 것, 그게 그저 본전밖에 안 되는 건가? 멍하니 앉았다. 이게 어쩌면 밑지는 건 아닌가? 그 계산이 영 아리송한지라.

에라, 늦기 전에 빵이나 갖다 드리자 하고. 마침 아줌마들 우루루 모여 있는 저편 집으로 가서 빵 보따리를 내려놓으니. 여러 아줌마들이, '인사도 할 줄 아네' 하면서 다시 본다. 어떤 뜨내기는 삼년이 가도록 인사 한 번 않더라 하며, 갓 지은 밥을 수북 담아준다.

무시기, 밥을 우적우적 퍼넣으며, 후훗 친구 덕분에 조금 사람 되나 보다~.

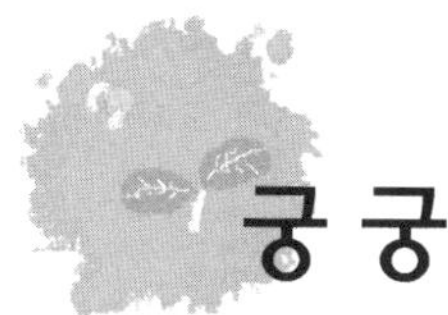

궁궁

이제 설이 멀지 않은데, 무시기가 방문을 열고 나오니 마당이 허옇고 산이 허옇고 건너편 집들도 하얀 소복눈을 이고 앉았다.

밤새 소리 소문 없이 천지에 백설이라. 무시기 폭폭한 눈을 밟고서 이 풍광을 바라보는데 푸른솔이 백발 되고 검은바우 누렁논 울퉁불퉁 모서리 모두 소복눈을 둘러썼구나. 건너편에 개들은 눈 위를 반가이 뛰놀고 허연 지붕에 허연 연기가 피어오른다. 이런 백설 잔치에 눈요기가 흥청한데 허나 길래 하다가 얼음장승 될라.

이불 밑에 팔베개를 하고 누웠으니. 쪼그랑 아저씨 말이 떠오른다. 어제는 그 아저씨를 만나서 요 뒤편에 그 집에를 갔더라. 메주 뜨는 냄새가 꿈꿈한 방에서 이런 저런 이야기를 듣는데, '자네, 여기서 살

아 봐. 시골이 살기에 좋아. 물 좋고 인심 좋고 또 공기도 맑고…….'

예전엔 도시에 나갔던 사람 중에도, 도시에서 못 살겠다며 돌아오는 사람이 더러 있었더란다. 그런데 요즘은 없단다. 도시에서 막일을 해도 농사짓는 것보다 낫다 이거야. 도시에 나간 사람들 죄다 차 몰고 온단다. 여기서 농사 지어봐야 월수입으로 몇십만 원밖에 안 돼. 그것도 부부 합해서.

으잉, 그것참 이상하네. 아니, 농사를 힘들여 지어도 고작 그건가? 무시기 고개가 빼딱허다. 혹시 뭔가 빠뜨린 거 아닌가? 그러기 쉽지?

그런데도 농촌을 떠나지 못하는 사연인즉, 쇠부랄 개부랄 욕 한사발 턱 얹어서, 그저 배운 게 농사고 또 조상이 물려준 논밭 두고 떠날 수가 있느냐, 이 말씀. 그래도 칠팔개월 뼈빠지게 고생하고 정신없이 바쁘지만 겨울철은 느긋혀. 또 아무리 바쁜 철일지라도 쉬고 싶을 땐 쉬고 오늘 못하면 내일 해도 되고 그런겨~. 이번엔 욕 대신 버석한 웃음을 단다.

흐흐, 워낙 욕쟁이라 그렇지 알고 보면 인정이 많은지라. 무시기, 뜨끈한 구들목에서 생각을 한다. 자 여기서 평생 살아 봐? 그런데 뭐 여기에 집이 있어, 논밭이 있어. 이 산골 마을에서도 제일 가난한 걸. 게다가 타향이라, 말도 설고 사람도 설고 친구도 없으니…….

누워서 한참을 구시렁구시렁~ 하다가 마당엘 나서니. 이번엔 안개가 몰려와서 마을이며 산이며 굼실굼실 휘감으니 백룡이 승천하는가. 고개를 휘이휘 돌리며, 히야~ 이렇게 좋은 경치 두고 다들 어디로 갔나? 어디서 무슨 구경을 하고 있나? 혼자서 한탄이다. 흐흐 그런 풍광 즐기며 함박웃음 먹고 살 수만 있다면 그게 신선이게?

무시기가 마냥 게으름을 피우다가 집 앞에 눈을 민다. 저만치 밀고 나니 저녁답인데, 추녀 위에 새가 지지쫑쫑~ 포르륵 포르르륵 날아다닌다. 그러고 보니 추녀 안쪽에 새집이 남아 있었거든. 그게 실은 제비집인데, 행여 그 집에 임자가 아닌가 하고선. 혹시 낯선 사람 있다고 두려워하는 건 아닌지…… 불러 본다. 새여, 안심하고 돌아오라. 함께 살자.

그 밤에는 무시기가 촛불 곁에 꿍한 얼굴로 앉았어. 그러곤 고개를 꼬고는 묻는다. 이 시골에서 생활한다는 건 뭘까?

자 또 한 해가 기운다 하니 그런가. 회한이며 꿍꿍이며 그런 게 한 보따리 남았구나. 여기로 올 적에만 해도 그저 심신을 쉬고 살고나 보자 하였던 것이. 이제 조금 지내고나 보니, 한심 적적하기가 귀양살이요, 앞길도 앞날도 보이지가 않는지라. 장소로 친다면 그저 괜찮긴 한데, 동료가 있어 님이 있어……. 하긴 고작 한달 지냈다고 무슨 동료가 생기랴마는. 그렇다고 나중에라도 머리 허연 노인네랑 어깨 걸고 럴럴? 게다가, 뭔가 살 방도가 있어야 하는 거 아니야? 뭘 거둬들이든가 벌든가 해야 생활이 되지. 마냥 빈둥빈둥하는 것도 편치가 않은지라. 하긴 그 동안에도 무슨 책자를 펼쳐놓고 끄적대고 고치고 하는 일이 있긴 있었으니, 구들방에 앉아서도 돈벌이하는 교정일이라. 근데 몇줄 보다가는 접고 몇자 끄적거리다간 접고…… 아주 신물을 내며 고개를 쩔래쩔래 흔드니. 그리나 삭막한 것이 있던고.

하긴 일이란 것도 무슨 낙이 따라야 하는 것 아냐? 자, 그렇다면 이 곳에 맞는, 이웃과도 어울리는 그런 일거리를 한번 찾아봐? 그래야 탈출도 성공이 되지. 음~ 그래, 밭을 빌려서 고추를 심어? 그게 돈이 된다던데……. 젠장 언제 농사짓는 걸 구경이나 해 봤어야지.

아니면 땅을 장만해서 과일나무를 심어? 그것참 좋겠다! 해마다 새로 심을 것도 없고…… 가을이면 온갖 과일이 주렁~주렁~ 그래 한켠에 원두막도 세우고. 친구들이 오면, 흐흐흐. 헌데 지금 심어서 과일은 언제쯤 딸거나? 땅은 어디 있고? 흐이그, 내 신세야.

그렇다면 소나, 염소 따위를 기르는 건 어떨까? 그게 글쎄…… 이 궁리 저 궁리 궁리는 데굴데굴 굴러를 간다. 하지만 아무리 굴러봐도 무슨 명당자리가 나와야 말이지. 하염없이 촛불만 태우고 있으니 궁궁이라. 참으로 궁궁이구나 싶더란다. 그래서 무시기가 이제 무시기 궁궁이 된 거야. 자, 그 끝이 어디메뇨? 에라 오늘만 날이더냐, 일단 자고나 보자 하였더라.

귀양살이 동무

아직 물이 꽁꽁 얼 때야. 무시기궁궁이 멀리 나들이를 갔다가 달랑달랑 상자 하날 들고 왔는데, 자 거기서 좀 별난 것이 튀어나왔구나. 하얀 털이 치렁치렁한 게 토끼만한 게 말이야. 그러니까 도시에서 뭔가 허전한 이들이, 노리개 삼아 사흘들이 목욕을 시키고 또 빗질을 하고 가족처럼 모신다는 그런 북실개로구나. 그런 놈이 어쩌다 이 산골로 왔을꼬?

가뜩이나 좁은 방에 그놈까지 끼워줄 순 없다 하고, 에라 너도 자연이나 맛 봐라. 마당에 풀어 놓으니. 북실이가 깡종깡종 마당을 뛰다가, 코를 대고 킁킁대다가 또 흙을 박박 파기도 한다. 궁궁이 마루에 앉았노니 그 곁에 풀쩍 뛰어오른다. 네 이놈, 코침을 놓아 내려놓으니. 멀거니 바라보다가 또 풀쩍 올라. 몇 번이나 코침을 놓는다.

자 말은 안 통하지만 궁궁이 마당에 내려서면 꼬리를 잘랑잘랑 흔들면서 따라붙으니, 그저 외톨신세에 동무 하나 생겼구나. 하루는 뒷산에 나무 주우러 갈 때 함께 나섰으니. 작은 개울도 건너고 오솔길을 가는데, 비탈에 낙엽이 좍 깔렸거든. 북실이가 뽀르르 달려가 데구르르 구르다가 폴짝폴짝 뛰다가, 벌렁 드러눕더니. 낙엽에 등을 비비며 발을 허우적댄다. 궁궁이 보자니 송곳니를 실룩실룩대며 카르릉카르릉 하거든. 장난치곤 뭔가 이상해, 눈알까지 희뜩번뜩대니 말이야. 엉거주춤 서서 감히 손도 못 대고선, 이게 갑자기 왜 이러나 주위를 후르르 둘러본다. 혹시 구미호라고, 꼬리 아홉 달린 그놈이라도 나왔는가 하고.

한참 만에 북실이가 다시 쫄랑쫄랑 따라오니…… 에휴, 궁궁이 가슴을 쓸어내리고 나무를 주우면서 생각하는데. 그게 말이야, 아마도 좋아서 그런 거다 싶거든. 몹시 신이 나서 껄덕껄덕 넘어가는 그런 거 말이야. 거참 이상타, 분명 제 살던 곳은 도시에 아파트, 그 마루와 베란다 그쯤인데 그 어디에 그런 머시기가 있었던고? 애완용이라고 그저 우습게만 볼 게 아니구나 하고선.

하루는 또 나무 하러 갔다가 지게는 던져놓고 산으로 산으로 오르는데, 북실이, 짧은 다리로 죽을똥 살똥 따라간다. 길로 골로 해서 한참 고생 끝에 꼭대기에 올랐으니. 바로 세상이 다 물에 잠겨도 끄떡없다는 그곳이라. 푸른 하늘 열리고, 흰 구름 두둥둥, 겹겹한 산들이 물결이구나. 이 구석, 저 구석에 자그만 마을이 박혔으니, 햐, 조 밑에 저게 우리 마을인가. 저리 작은 곳에 우리가 살더란 말인가 하고.

자 그럭저럭 날이 갔으니. 북실이란 놈 봐라. 제 신세를 그리 한탄하는 것 같지는 않은데, 그 꼴은 좀 달라져서. 백설 같던 털은 누르팅팅해지고 요기조기 뭉텅이가 생겨서 혹쟁이가 되었구나. 그런 북실이한테도 동무가 생겼으니, 옆에 고추밭 건너 저기 구석집에 사는 누렁개야. 이제 꽤 늠름해져서 근수깨나 나가는 놈인데. 궁궁이 오며가며 사귀다 보니 이제 집에도 놀러를 온다. 하루는 그 녀석이, 이름이 포동인데, 궁궁을 보고는 풀쩍풀쩍 앞발을 들며 엉긴다. 이거 왜 이러나? 박대는 못하고 사탕을 두어 쪽 던져주니 날름 먹고는 킁킁거리며 온 집을 돌고, 돌아갈 생각을 않는다. 문밖으로 유인해 내고 나니 또 뒷담장으로 들어오고. 쫓아내면 어느새 또 들어와 있고.

북실이는 포동이 등쌀에 자그만 제 집에 박혀 꼼짝 못하는가 했더니 한번은 대문간에서 이빨을 드러내고 캭! 캭! 무는 시늉을 한다. 덩치나 뭐나 비교가 안 되는데 말이야. 포동이가 은근슬쩍 비켜주는구나. 둘이서 장난도 치는데 포동이 앞발이 북실이를 덮치니 그저 노리갯감인데 어마둥절 그저 장난쯤이다. 궁궁이 지게 지고 뒷산으로 가니 두 녀석이 줄줄 따라나선다.

궁궁이 개하고만 노는가 했더니. 포동이네 집에 육학년짜리 계집아이가 있어. 그 오빠는 중학교 이학년인데 아주 점잖아. 동생이 까탈 앙탈을 부려도 그저 싱긋 웃는다. 전번에는 함께 십원짜리 화투를

쳐서 과자도 사 먹고.

한번은 그 육학년과 또 딴 마을 친구까지 놀러 와서 이리저리 둘러보고는, 이래서는 장가 못 가, 장가 가려면 그냥 기다려서는 안 되고 찾아다녀야 허는겨, 일러준다. 하루라도 텔레비전 안 보면 못 산다는 꼬마들이, 집을 고쳐라, 전기를 넣어라, 훈수를 하는데 궁궁은 그저 벙어리 흉내만 내고 있다.

사실 궁궁보다 북실이가 인기가 있어서, 가끔 구경꾼이 왔으니. 한번은 육학년 아이와 요 아래 여중생이 북실이를 보러 왔거든. 이미 도시에 귀염둥이가 아니라 각설이 품바개 정도 된지라. 여중생이 콧방귀를 피익 픽 뀐다. 그러다가 궁궁한테 몇 가지 귀띔을 하였으니. 아저씬 장가 못 간다, 또 아주 못생겼다 하는 것도 일러주었다. 궁궁이 그저 비식비식 듣고만 있는데 또 한 가지 달기를, 범죄형으로 생겼다 했으니. 궁궁 눈이 휘둥그레졌구나.

나중에 궁궁이 모처럼 머리를 감고서 거울조각을 주워다 본다. 머리채는 치렁치렁, 눈자위는 누르께~하고, 다시 제 행색을 보자니 속절없이 패잔병 꼴이라. 그제서야 개꼴만 그런 게 아니었구나 하고.

어쩌다 아이들이 찾아와서 조잘조잘 시끌벅적 수선을 떨고 가면…… 궁궁, 한동안 우두커니 앉았다. 그럴 적에 또 한 동무가 있어서, 어스름 저녁이나 이른 아침에 후 엉, 부 엉 소리에 귀를 기울이고 있더라.

이상한 도둑

무시기궁궁이 마침내 전화를 신청해 놓고서, 전화국 사람이 오기를 기다리는데 오전 내내 오지를 않아. 방에서 나오는데 축대에 구두가 한 짝만 달랑 남았거든. 다 떨어진 구두, 누가 한 짝만 훔쳐갔다? 그럴 리도 없고. 마당이며 마루 밑이며 두루 살펴보는데 보여야 말이지. 집 안에 없다? 그렇다면 포동이가 의심이 가긴 한데, 뭐라고 물어볼 말이 궁하다. 구두 한 짝을 디밀고 째려보는데 그저 눈만 멀뚱멀뚱이라.

궁궁이 방에서 기다리다가 한숨 자고서 나오는데 이번엔 고무신 한 짝이 없거든. 거참 묘한 장난이네? 그러고 보니 남은 건 구두 한 짝, 고무신 한 짝인데, 구두도 오른짝 고무신도 오른짝이니.

평소대로 고무신을 신고서, 구두를 왼발에 신으려니 발이 들어가야 말이지. 낭패다 하고, 한쪽만으로 다니기도 그런지라. 거꾸로 신을까 뒤집어 신을까, 무슨 방책이 있을 것도 같은데…… 궁리에 궁리를 한다.

문득 한번 오른발을 척 구두를 신고서 왼발을 고무신에다 꿰니, 이건 되네! 궁궁, 대단한 성공이나 한 양 의기양양~. 그렇게 짝짝이 신발을 하고서, 구두는 굽이 있는지라 절름절름하면서, 여기저기를 두리번거린다. 집안을 빙 돌고 길가에 포동이가 수시로 뒤적이는 쓰레기장까지 살피고 해도 신발이 나와야지.

혹시 뒤에 빈집에 물어다 놓았나? 낡아빠진 구두는 관두고라도 고무신은 찾아야겠으니 말이야. 무너진 뒷담으로 해서 빈집엘 가 보는데, 포동이도 복실이도 줄줄 동행을 한다. 그 사정을 아는지 모르는지 덩달아 여기저기 기웃거려. 궁궁이 기가 막혀, 대체 어디야. 내 신발 내놔!

그렇게 말을 하고 봐도 무슨 대꾸가 있어야지. 이 사연을 어찌 전한단 말인가? 아이고 막막하여라. 기어이 혼자 탄식을 하길. 허어 말이란 게 참 한심하구나. 바로 곁에 이놈들한테도 이렇게 통하질 못하니…….

날이 아주 변덕스러워. 금방 먹구름이 휘르르, 눈발이 휘휘 날린다. 짝짝이 신발을 벗어놓고 방에 들어가 앉았는데 무슨 기척이 나거든. 얼른 문구멍으로 빼꼼 내다보니 아니나 다를까, 포동이 녀석이 구두 한 짝을 물고선 대문쪽으로 가고 있어. 잡았다~ 하고, 문을 벌컥 열고 나오니, 포동이가 구두를 툭 떨구고선 도로 돌아온다. 누렁꼬리를 잘랑잘랑 흔든다. 궁궁이 구두짝을 주워다가 코앞에 디밀고 소리를 쳐도 그저 눈만 멀뚱멀뚱이라.

해가 지기 전에 드디어 전화선이 연결되었어. 이제 궁궁이 문명 생활을 하나 보다. 바람이 아주 요란하게 불어댔지.

다음날이야. 그 잘난 신발 도둑, 그게 포동이 소행이 분명한지라. 궁궁이 짝짝이 신발을 하고서 떨레떨레 고추밭길을 지나서 그 집엘 간다. 계시유~ 하니 덩실한 아줌마가 작은 방문을 열고 부스스 나온다. 궁궁이 제 신발을 가리키며, 포동이가 고무신 한 짝을 물고 왔을 텐데 하니. '못 봤는디, 여긴 안 물고 왔으리' 하거든.

궁궁이 머리를 긁적대며 축대며 헛간을 기웃거리는데 종적이 묘연하다. 하긴 그게 무슨 보물이라고 샅샅이 수색을 벌이기도 그런지라. 바깥 뜰에 서서 누렁소 옆에서 밍기적밍기적 하다가 낙망하야 돌아선다. 신발이야 그렇다 치고, 제 짝짝이 신발을 보면 깔깔댈 줄 알았지. 절룩절룩 가면서 한탄하길. 헛참, 사람 웃기는 것도 적선이지 했더니 그것도 만만찮네~.

정체를 밝혀라

산골에서 달리 일거리가 없는 궁궁이라. 맨날 어영부영 지내다가 남몰래 무슨 일거리를 하나 장만했더라.

멀리 어머니 계신 도시로 나들이를 가니, 번듯하고 높다란 건물들이 즐비하다. 저걸 다 사람이 만들었다니 참 대단하구나 감탄을 쏟고. 한편으론, 대체 이렇게 번잡한 곳에서 어떻게들 지내는고…… 걱정을 낸다. 언제 시골사람 되었다고 말이야.

자 도시에선 뭘 해? 나무 할 일이 있는가 불땔 일이 있는가. 차려주는 밥상에 빨래까지 해주마 팔자가 엿가락처럼 늘어졌다. 게다가 신문이며 방송이며 이런저런 소식을 진수성찬으로 차려내니, 자아, 여기 애비 살해요, 저기 독가스가 터졌소, 요기는 부도요, 쾅 쳤소, 영판

속였소, 무너졌소, 뚫렸소, 이게 옳소, 저게 옳소……. 아무튼 시청해 주셔서 감사합니다. 아이고~ 이걸 다 어쩌란 말이냐. 배도 부르고 머리도 부르구나.

먼 길을 지나 다시 마을이 보이자, 두런두런 눈인사를 하고. 대문을 들어서니 북실이 달려온다. 꼬리를 치며 뒷발로 폴짝폴짝 뛰며 엥긴다. 한참을 그렇게 뜀뛰기를 한다.

자 마루에 앉으니, 이 산골에는 참 포근함이 있다 하고. 대체 이 차이를 뭐라고 할지. 시골과 도시, 그걸 가르는 걸 뭐라 할꼬. 그렇게 묻고선 허공을 본다.

어릴 적에 수학여행을 가서 서울역을 나섰을 때, 높은 건물, 휘황한 불빛, 수많은 차와 수많은 사람들. 대체 이런 데서 사는 건 어떤 걸까 싶었다.

나중에 거기서 살았지. 가족이 서울로 가서 이사도 여러 번 다녔다. 변두리에 아파트에서 살 때, 한 시간 넘게 버스를 타는 게 피곤하기도 했다. 내 문제, 가족 문제도 숙제였지만 사회가 이상대로 되지 않는 것도 숙제였다. 그래도 서울에 산다는 자부심이 있었지. 지방 도시는 눈 아래로 보았다. 농촌? 낙오지였지.

한번은 역 광장을 지나다가 문득 내 덜미에 낚싯바늘이 꿰었나 싶었다. 무리로 홀로, 바삐 더디 얽히는 수많은 발길. 내 발로 친구집에 가건만 덜미에 줄이 따라오지 싶었다 . 더러는 왜 그렇게 고독하던

지, 술자리에서 벗들과 헤어지기가 아쉬웠다. 일상을 벗어나 어디론가 가고 싶었지만 그게 어디인지 보이지 않았다. 밤길을 쌩쌩 몰아가는 버스 운전사, 그를 조종하는 무엇이 또 있었다.

아무래도 이 세상에는 뭔가 대단한 머시기가 있다. 그렇게 복잡한 곳에서, 수많은 타인들 속에서 견디게 하는 것. 이 산골에 있으면 이렇게 포근하다. 공기 때문인가, 경치 때문인가, 아니면 이웃 때문인가……. 헛참 여기와 도시, 그 차이를 뭐라 할꼬.

그저 보이는 대로 이것저것 꼽아 두면 될 것을, 제딴에 그저 한 방에 샥 갈라놓을 작정으로, 파고 묻고 고민을 한다. 분명히 무슨 경계가 있긴 한데…… 그것이 무엇이냐. 고개를 숙이고선 곰곰 할 적에 문득 한 이름자가 떴으니, 문명, 이 두 자라. 혹시 그놈인가? 어찌 보면 도시는 문명의 아성이야. 매끄럽고 번쩍이는 거대한 성채……. 온갖 물자가 오가고, 밤이면 번쩍이는 불빛으로 유혹하는 곳. 칸칸이 인간을 담고, 온갖 꿈을 부화시키는 곳. 하긴 시골에도 문명이 없지야 않지. 하지만 자연이 더 많다 이거야.

그래서 도시의 근간은 문명이다. 분명해! 이렇게 싸잡고선. 옳거니, 이제 그 이름까지 안 바엔 반은 되었다. 달리 할 일도 없던 차에, 이제 그놈이나 붙잡자. 그 정체를 밝히리라 하였으니.

자, 문명 그게 세상 전부도 아니지만 또 그것만 해도 얼마야. 동서고금에 문명의 역사가 오랠지니 그걸 꿰자면 대체 어디서 무엇부터 털어보아야 할지. 근데 궁궁 이놈이 하는 꼴이란 게. 멍하니 마루에 앉았다가 저기 산이 보인다. 문명 그놈이 혹시 저 산처럼 생겼나? 한참을 째려 보고. 또 저기 구름이 간다. 혹시 그놈이 저 구름처럼 생겼나? 한참을 째려 보고. 한 번은 처마 끝에 고드름이 주룩주룩 달렸으니. 혹시 저 고드름처럼 생겼나? 째리고 또 째리니.

일찍이 소 뒷걸음치다가 쥐 잡았다는 말은 들었으되 허공 중에 문명을 잡았다는 말은 금시초문이라. 과연 궁궁답다. 하긴 어느 동네에선 그런 걸 두고 화두라고 하여서 평생을 두고 묻고 묻는다 하니. 그게 뭐 꼭 기약이 있는 것도 아닐진대, 한 오백 년 하노라면 무슨 소식이 오려나.

함 정

하루는 궁궁이 개 사료를 걸머지고 마을길을 올라가는데, 길옆에 아줌마가 한 말씀 하길, "그 개는 주인을 잘못 만났다. 목욕도 못 허고 호강도 못헌다." 하거든. 그저 흐흐흐 지나가다가 종내 고개를 꼰다. 그걸 북실이한테 물어볼 수 있다면 좋을 텐데 말이야, 어디가 행복한지 행복이 뭔지.

아무튼 북실이가 여기 온 뒤로 목욕이란 아득한 추억이 되었더라. 근데 한번은 기어이 목욕을 왕창 하긴 했으니 그 사연이 묘했어.

아침에 궁궁이 눈을 뜨니 밖에서, 톡토르르. ……톡토르르르닥닥. 이상한 소리가 들리거든. 가만히 듣자니 뭔가 마루를 두드리는 소리야. 톡토르르르르…… 이상타? 살며시 일어나 문구멍으로 본다.

맞아! 마루에서 뜀박질을 하네 북실이가. 이쪽에서 저쪽으로, 저쪽에서 이쪽으로, 마치 운동회 하듯 제딴에 신이 났으니. 그게 구경이라고 멀거니 보다가 도로 앉으니……. 근데 운동회도 좋고 구경도 좋지만, 그렇게 올라오지 마라 했거늘. 자 어떻게 저 버르장머리를 고칠까 궁리를 한다.

배시시 웃더니, 문고리를 살며시 풀어놓고선 숨을 죽인다. 톡토르르르 놈이 문 가까이 왔을 때 콰쾅! 두 문짝을 밀어젖히니, 벌러덩 굴러서 축대로 마당으로 나동그라졌구나. 자 어떠냐, 후하하~!

북실이 멀거니 째리다가 왕왕 왈왈~ 마치 낯선 사람 보듯 짖어댄다. 아니 저런 놈을 봤나, 양말까지 마당에 너즐러 놓고선. 적반하장이라니…… 궁궁이 냅다 뛰어서, 보이는 대로 빗자루를 주워드니, 북실이 허겁지겁 대문쪽으로 달아난다. 튀다가 방향을 틀어 집 뒤로 깡충깡충~.

게 섯거라 이놈! 쫓고 쫓기는 판에 굴뚝이며 축대며 좁은 길을 북실이는 쪼르르 달리고, 큰놈은 엉거주춤이라. 이러다간 하루종일 가도 못 잡겠네. 분통을 터트리다가, 도로 돌아서서 반대편으로 겅중겅중 간다. 앞뜰 지나 부엌께로 살금살금 가는데 그때 북실이가 팔랑팔랑 모서리를 돌아섰다가 바로 조만치 딱 홍길동이가 섰거든. 깜짝 놀라 돌아서 뛴다는 게 바로 옆에 뒷간으로 풀쩍 들었것다. 옳지! 궁궁이 얼른 뛰어서 입구를 딱 막고선, 넌 독 안에 든 쥐닷! 빗자루를 번쩍 들었어. 겁에 질려 올려다보던 북실이, 주춤주춤 물러서다가 구멍으로 쏭 사라졌구나.

허허, 그 웅덩이가 어떤 덴고…… 거기서 일 볼 때면 철썩철썩 파도 소리 인당수 같고, 옛똥 새똥 해서 얼마나 묵은 지 바이 없으니. 궁궁이 대경실색하야, 허 이거 영판 개 한 마리 용왕님께 바쳤구나! 그만 명복을 빌다가 그래도 혹시나 하고 허겁지겁 묵직한 널판때기를 걷어 세우고 껌껌한 웅덩이를 살피는데. 조 아래 뭔가 희끔한 게 쬐금 보이거든. 죽었는지 어쩐지 달싹도 안 해. 궁궁이 숨을 딱 참고서 팔을 뻗어서 터래기를 쬐끔만 잡고선 건져올리니 그 몰골이 요상하다. 털이 착 달라붙은 앙상한 몸매에, 누렁누렁한 건덕지가 붙고, 실로 기괴한 냄새라~.

이게 살긴 살런가. 날이 추우니 찬물을 끼얹지도 못하고 어마둥절 부엌문 옆에 떨구니. 엇 살아서 터덕터덕 간다. 누런 물을 질질 흘리면서 마루 밑으로 기어들어 구석에 척 누웠다. 이리와, 불러도 움찍 않는다. 그저 처량한 눈빛으로 앉았으니…….

궁궁이 작대기로 살살 몰아서 간신히 꺼냈거든. 그런데 그 자세를 취한 거야. 거 왜, 비 맞은 개가 물 털 때 하는 그거. 우악! 힘껏 뒤로 솟구친 궁궁. 허나, 이번엔 홍길동도 별수 없다. 벌렁 자빠진 위로 무수한 파편이 푸르르르…….

그래서, 궁궁 북실이 할 것 없이 찬물을 끼얹고 일변 아궁이에 불을 때서 물을 데우고 해서는. 빨랫비누로 북실한 털을 몇 번이나 문질러

빨고 또 빨고 말이야. 그렇게 목욕인지 빨랜지를 했더라.

아궁이 앞에서 함께 털을 말리는데, 이젠 아주 평화로워. 궁궁이, 에그 이 말썽쟁이야…… 해 놓고 보니. 아니 참 그게 뭐가 어째서 그리 됐던가? 고개를 꼬고 있어.

봄이 오는 곳

궁궁이 마루에 나오니, 어딘지 훈기를 품은 날이야. 바람도 그렇게 매섭지가 않고. 이제 겨울이 가는 건가? 하고 보니 문득 가슴이 설렌다. 나무를 하고 불을 때고 그렇게 겨울을 넘겼다, 그게 어디 예삿일이야. 생전 처음인데 이제 봄을 맞는다…… 마치 제 손으로 봄을 장만이나 한 양으로. 살짝 봄, 하고 부르다가 입을 보르르 떤다.

산너머 어디쯤 봄이 오나 하고, 황새목을 하고 마당에 내려서는데 조만치 뭔가 푸르무레한 게 떨어져 있거든. 뭘 흘렸던가 하고 주우려다 보니. 그게 세상에! 깨알만한 잎이, 가느다란 실오리에 붙어서 빼꼼빼꼼 섰거든. 어찌나 작은지. 그걸 본다.

불을 옆에 끼고도 오들오들 보냈던 겨울. 물이 한 뼘이나 얼기는 예사고, 괭이날을 팅팅 튕겨내던 언 땅에…… 거기서 이렇게 봄을 기다리고 있었단 말인가? 햇살 아래 눈길이 아드윽~ 어지럽다. 궁궁은 깨알풀을 보고 있고 구름 위에서 또 누군가 깨알궁궁을 보고 있으려니.

궁궁이 기어이 묻기를, 풀, 이 풀이란 무엇이냐, 하였으니. 아니 뭐, 시골 오기 전이라고 풀을 못 봤을라구. 길가에도 다복다복 흔한 것이 풀이니. 그때는 그저 푸릇푸릇하니 풀이고 폭신한 잔디밭이 놀기에 좋다 했는데. 정말 몰랐지. 풀이란 간절한 그 무엇이다! 이런 답을 하게 될 줄을.

그래서 이제, 마당을 지날 땐 그저 징검돌을 징검징검 딛고 다니고 또 돌 없는 곳에서는 발꿈치를 들고서 살금살금 간다.

봄비가 추적추적 내리고 그렇게 날이 가다 보니 돌 틈에 올라온 풀도 조용히 자라고, 마당이 푸르르~ 진정 봄은 봄인가 보다. 이 봄을 어쩐다? 궁궁, 궁리를 한다. 참 어째야 할 거나. 예전 같으면 나물 캐는 처자들이랑 지게에 풀꽃 꽂은 총각이랑 봄을 반겨 노래하련만. 이 반질머리 늙은 총각이 궁상으로 봄맞이라.

아, 봄은 봄인데…… 이 봄을 어이 맞을꼬 궁리를 하다가. 그래! 쑥국으로 봄맞이를 하자 하고는. 쑥한테는 좀 안됐지만 그래도 어째. 마당에서 군데군데 어린잎을 조금만 따고 담장 밖에 가서 도란도란한 잎을 뜯는다. 뜯다 보니 아니 근데 이게 쑥이 맞긴 맞어? 그나마 알만한 거라곤 쑥잎 정돈데 말이야. 따고 보니 쑥 비슷한 듯 아닌 듯

한 게 또 있거든. 그게 같지가 않아. 이것 참, 이게 쑥이 맞긴 맞는 건가? 혹시 먹는 쑥 못 먹는 쑥이 따로 있는 건 아닌지.

그렇게 미심쩍~ 하게 장만한 국, 과연 이게 쑥국인지 독국인지 말이야. 아무튼 생전 처음 장만한 봄맞이 국이라. 한술 떠서 먹는다. 그윽한 향기가 그 향긴지라. 그래 이게 쑥국 맞긴 맞는갑다~.

약속한 말씀

이제 다들 농사 채비를 하느라 바쁘구나. 그러면 궁궁이 이놈은?

어디 농사란 걸 쥐뿔이나 알어야지. 탱자~ 탱자~ 지낸다. 그런데 주변이 다 농사요 보이는 게 푸른 것들이라. 제딴에 하는 짓이, 생밤을 까먹다가 두어 알을 남겨서는 마당 한쪽에 묻어둔다. 단감이든 배든 먹고 나면 씨를 가려서, 또 그 옆에 묻어둔다. 잘만 되면 언젠가 밤나무, 감나무, 배나무, 모과나무…… 그뿐인가. 어디선가 나뭇가지를 들고 와서, 여기저기 꽂아둔다. 그게 실은 가지치기 하고서 버린 건데 말이야. 그것까지 살아나면 사과나무, 복숭나무~ 흐흐흐. 언제쯤 움이 트려나, 오며 가며 살펴본다.

하루는 마을 방송에서 소리하길, 폐비닐 수거 작업을 한다고 모이라 하니, 궁궁이 멀뚱멀뚱 하다가 나섰것다. 절 부른 것도 아닌데 나와서 꿈적거리니 마을 노인네들, 저게 왜 저러나? 암튼 기특한지고~ 소주 한잔 건넨다.

철이 철인데다 일손이 귀하다 보니까 이 건달도 오라는 데가 있어서. 포동이네 담배모종 작업에 초대를 받았으니. 마을 아줌마랑 할머니, 여럿 모여서 일을 하는데. 그 일이란 게 퍼질러 앉아서 손톱만한 모종을 달걀판 같은 포트에 콕콕 옮기는 그런 일이야. 힐끗힐끗 따라하던 궁궁, 얼마 안 가 삭신을 틀고 고개를 꼬고 발작을 한다.

한쪽에 그 집 주인, 반질 아저씨는 온실에다 포트를 앉히고, 궁궁은 그나마 포트를 옮기느라 들락날락 하기나 하는데, 환갑 넘긴 할매는 잽싼 손놀림에 태평스레 이런저런 이야기까지 까고 앉았으니. 궁궁 혀를 내두르며, 참 농사란 게 만만치가 않구나, 이런 일로 저리 늙느니. 그러니 처자들이 대처로 나가는 것도 이유가 있구나. 고개를 끄덕인다. 그때 할매가 버럭, "조옥 까는 소리 말어~" 소리치니 궁궁 끔쩍 놀라서, 으잉 이 무신 일고? 저 할매 갑자기 왜 저러나, 한판 하자는 건가? 근데 딴 사람들은 그저 흐헤헤 웃고 앉았으니, 아니 그게 무슨 법어라도 된단 말가?

"허니께 그 형수가 말이여~. 얼굴이 벌개서 그만 시아버지헌테 입도 달싹 못허지 뭐여~."

흐흐흐, 그러고 보니 욕쟁이 아저씨랑 꼭 같네 같어~.

궁궁 들락거릴 제, 이봐 빛나리 총각, 하고 부르는 소리 있어. 궁궁

두리번거리니, 여기 총각말고 또 누가 있어, 한다. 엥, 저요? 제가 빛나리? 흐흣, 빛이 나리~면 그게 좋은 것 아닌가 하고. 허참 어떻게 사람을 이렇게 알아주나? 입이 헤벌레~하다.

"달리 빛날 거 없어. 벗겨진 머리에서 빛이 나잖여. 연속극에도 나와."

아갸갸. 그게 그런 거였나. 암튼 일 거드니 새참도 먹고 밥도 잘 먹고, 또 술 한잔 주면서 노래까지 시키니 에라, 천두웅산 바악다알재애를~ 노래도 한곡 뽑고. 옆에서는 어깨춤도 곁들이고. 그러다 보니 해 떨어지기 전에 끝이 났구나.

궁궁 마루에 앉았자니, 어른 한 분이 지나가면서 소리친다. 이 사람아, 빈둥빈둥 놀지만 말고 풀이나 좀 뽑아!

헛, 그제사 마당을 건둥건둥 돌다가. 그나저나 풀이 그렇게나 보기가 싫은가? 고개를 꼬아가며, 담장 밖에 묵은 풀이며 키큰 풀을 좀 베어낸다.

한 아주머니 빼꼼 들렀다가 하는 말이, 예전에 이 집에 할머니 살 적에는 마당에 풀 한 포기 없었어 하고는, 얻어다 논 상추 모종을 화단가에 심어주고 간다.

궁궁 제 딴에 깨치길 풀이란 간절한 머시기다 하였으니……. 아니 말끔한 것, 그게 그렇게나 좋은가? 그럼 풀이 돋지도 못하는 시멘트 바닥, 그런 불모의 땅이 더 좋단 말인가? 아니면 진짜로 풀하고 무슨 원수가 졌나? 고개를 요리조리 꼬고 앉았다.

노곤한 하품이 잦아질 무렵, 그 집 마당은 아주 볼 만했어. 호리호리 키큰 풀, 오종쫑 앉은 풀, 더부룩한 풀, 가느다란 풀, 오그랑 잎, 째진 잎 할 것 없이 푸르게 북실북실~ 했어. 풀은 그렇게 햇살을 만나고 바람을 만나고 말이 없는데…… 마루에 앉은 궁궁, 잔칫집에 손님들 보듯, 마주 앉아서 봄날을 속삭이고 있더라.

그러던 차에 향나무 집 할배가 쓰윽 들어섰다. 이 밭 저 밭 둘러보고 손질하고 바쁜 무렵에, 잠시 쉬었다 일어나면서 점잖게 이른다. 마당에 풀 기르지 말어, 사람 사는 집에 저렇게 풀을 키워서는 못쓰는 벱이여, 하고 떠났으니.

궁궁, 꺼무룩하게 서 있다가 씨익씩거린다. 이만하면 간섭도 이만저만이 아니네 그랴. 아니 마당에, 흙 바닥에 풀이 자라기로서니 그게 뭐 어쨌다는 거야. 이 흙에 절로 자라는 그걸 왜? 왜 안 된다는 거야. 전번엔 분명히 풀도 생명이다, 그래 놓고선 풀을 키워선 못쓴다? 허참, 야속한 할배. 날더러 이 풀을 죽이라고라.

자, 그래서 내가 아니면 누가 지키랴. 저 풀들을! 수호천사 노릇할 결의를 다진다. 근데 곰곰 생각하니 그게 또 그렇게만 끝날 일인가. 시골마을이란 데가 어떤 데야. 이제 막 굴러온 놈이 어른 말을 무시해? 마을의 법도를 어겨? 두고두고 씹히게 생겼거든. 자아, 할배 말씀을 따르자니 풀이 울고, 풀을 살리자니 지가 울겠고.

다음날, 궁궁이 풀을 잡는데 마당이며 대문간이며 다니는 길만큼만 풀을 뽑아서 화단으로 모신다. 참 너희들도 팔자가 사납다. 어쩌다 사람 곁에 자리잡아서 이 꼴을 당하느냐~ 하고.

이제 잔칫집 마당은 영 파장이었어. 듬성듬성 파낸 꼴이, 꼭 쥐어뜯긴 머리채, 그 꼴이었으니.

늘어난 식구

궁궁네 식구가 금방 늘었어. 친구가 까만 강아지 두 놈을 데려 왔는데 턱 밑에 밤톨만큼씩 흰 점이 붙었다. 몸집도 북실이보다 작고, 걸음걸이도 엉금벌금. 이미 날이 어두운지라 부엌 바닥에 놓아 둔다.

친구랑 같이 그 이름을 지어서, 검돌이와 검순이라 하였다. 궁궁이 부엌을 들여다보니, 캄캄한 곳에 깜깜한 강아지, 있는지 없는지 알 수가 없구나. 이 철부지 신참들이 북실이 텃세를 어이 견딜까.

궁궁이 옆집 사이에 무너앉은 돌담, 큰개가 못 넘게 손을 보는데, 이 두 놈 어미 생각이 나는지 바득바득 기어오르고 또 풀썩 솟아 입을 쪽!

암수 두 놈이 그저 붙어 다니면서 아릉카르릉 장난질도 하고 또 잠

잘 적에는 엉겨서 아예 한 덩어리야. 동작은 느리지만 근성이 있는 놈들이라. 그러고 보니 북실이가 되려 슬금슬금 눈치를 보는구나. 너무 까매서 겁 먹었나?

한번은 큰 개 포동이가 왔다가, 마루밑 제 잠자리에 보니까 검돌 검순이 턱 들어앉았거든, 헌데 아무 까탈도 않는다. 천연덕스럽게 잠든 강아지. 따스한 햇살 받으며 태평으로 자고 또 밤에도 잔다.

하루는 개들이 마루 밑에 함께 누웠는데, 검은 놈, 흰 놈, 누런 놈, 그 색깔이 볼만하구나. 그렇게 대엿새 되었을 무렵, 궁궁이 장 보고 돌아오니 개 네 마리가 절렁절렁 살래살래 환영을 한다. 들고 온 상자를 광에다 푸니 비둘기만한 중병아리 다섯 마리가 푸다닥 나왔구나. 개들이 못 덤비게 문지방을 블록 벽돌로 두 층 올리고, 쥐가 못 덤비게 벽 틈새를 막고. 북실이는 그저 뭐가 못마땅한지 병아리를 보고 왈왈 짖어댄다.

그러고 보니 집이 제법 그득하다. 자, 이제 과연 꼬끼요오 새벽을 알리는 그날이 언제일지, 또 따끈한 달걀을 먹는 그날은 언제쯤일지?

아침에, 삐이악! 끼약! 비명소리에 궁궁, 후다닥 뛰쳐나가니 검둥이가 한 마리를 물고 있거든. 냅다 달려서 발길로 찬다. 깨개갱 달아난다. 황급히 병아릴 헤아려 보는데 한 마리가 없거든. 이리저리 뺑뺑 찾다가 혹시나 아궁이 속도 들여다보는데 그저 깜깜하기만 한지라.

자 초장부터 이런 불상사라니, 그렇다고 어두운 광에다 가두어만 둘 수도 없으니. 병아리 집을 어떻게 지을 건가 한참 궁리를 하는 참에, 마루께에서 삐옥, 하고 깃털 뽑힌 놈이 나오거든. 궁궁이 아이고 반갑다! 하고.

앞 담장을 한 벽으로 하고 철망을 광 문 옆까지 비스듬히 두르는데, 문짝까지 다느라고 하루종일 뚝딱뚝딱 해서 그럭저럭 닭장이 됐구나.

자 이제 개들 걱정 없이 여기서 살아라 이거야. 그런데 이건 뭐야, 병아리가 울 밖으로 푸드득 외출을 나오네. 아고옷 저놈들이 새 흉내를 내는구나. 강아지가 쫄래쫄래 따라붙고 병아리는 후드득 날기도 하면서 쉽게 잡히진 않는다. 에라 그냥 냅둬 봐봐?

궁궁이 땅 파다가 나온 지렁이를 던져 주니, 한 놈이 그걸 콕 집는다. 미처 삼킬 겨를도 없이 딴 놈들이 달라붙자 요리조리 내뺀다.

이렇게 여러 식구가 한 마당에 살다보니 적막도 줄었구나. 병아리들이 처음엔 궁궁을 피하고 겁을 내더니, 슬슬 접근을 하다가, 이제는 먹을 거 달라고 졸졸 따라붙기도 한다.

궁궁이 발길질이 효과가 있었던지, 검둥이 앞에 병아리가 지나가도 그냥 누워만 있어. 병아리가 콕 콧등을 쪼고 우쭐우쭐, 검둥인 고개를 움츠리고 눈이 훈둣!

마을 분들 오며 가며 그 개 참 좋다, 한 마디씩 하니. 궁궁이 시익 쪼갠다. 흐흣, 흑염소가 약 된다더니, 까만 게 좋은 건가? 북실이 데려왔을 적에 이래저래 타박도 많더니, 검둥개 덕분에 위신 좀 서는구나.

농사를 묻다

하루는 건너편 큰개집 할배가 일 좀 해달라 불렀으니, 너른 밭에 돌 주워내는 작업이라. 뚱보 할매랑 줍고 주워서 바지게에 반쯤 찼다. 궁궁이 지게끈을 어깨에 걸고 엇차 힘을 쓰는데 끄떡이나 해야 말이지. 너무 많이 담았구나, 돌을 도로 부으려 하니, 할배가 냅둬 하고선 턱 어깨를 댄다. 궁궁이 삐딱허게 쳐다보는데, 끙차 거뜬 일어서거든. 궁궁, 혀를 내두르며 햐 노인네가 힘도 장사다!

또 하루 건너서는 밭에 담배모종 옮기는 일을 거드느라 왔다리 갔다리 너른 밭고랑을 누빈다. 해질녘 되자 그 걸음이 비실비실 하더라. 자 그나마 농사 맛이 어떤고.

궁궁이 자고 나서 닭모이를 주는데 두 마리밖에 안 보이니, 닭장 속을 들여다본다. 두 마리가 뻗었고, 또 한 마리는 비실비실이라. 겨우 일주일 만에 두 마리가 남았어. 궁궁도 기가 죽어 비실비실, 북실이도 여러 날째 아파서 비실비실이라.

마당에 묻은 과일씨는 영 기별이 없고, 꽂아둔 나뭇가지는 시들시들하다. 어째 하는 일마다 이 모양일꼬. 궁궁이 한탄을 한다. 허나 시골에 살면서 어디 농사가 없을 수야 있나. 이장댁에서 호박씨를 한줌 얻고, 안주인한테서 이렇게 저렇게 하라는 가르침을 받았으니.

바람 부는 날인데, 호미 들고 담장 밖에 나섰다. 한 구덩이를 파는데, 애꿎은 풀 다칠라 견주다 보니 호미질인지 소꿉질인지. 마침 포동이네 안주인이 지나다가 하는 말이, 포동이가 죽었어, 밤에 구슬피 울더니 가버렸어, 한다. 궁궁이 눈길이 허탈하다. 약도 먹이고 했는데 소용이 없더란다.

겅중거리며 찾아들던 녀석이, 이리저리 나돌기를 좋아하던 녀석이, 그 동안 서로 정도 들었건만……. 아고, 참 인생이, 아니 견생이 무상하고나! 하고.

그래도 농사는 계속된다. 호미질에 바우가 엥겼으니. 호미로 흙을 걷어내고서 넙적바우를 일으킨다. 으헛! 우글버글, 개미들 세상! 궁궁도 놀라고 개미들도 소리친다. 이 뭐얏! 천재지변이닷! 적이닷, 침략이닷!

궁궁이 하릴없이 섰다가 바우를 도로 덮고선, 옆쪽에다 다시 구덩이를 판다. 그러고선 똥을 한 삽 넣는데, 정작 배우기론 호박 거름엔 사람똥이 최고라 했지만 그걸 펄 용기가 없었던지. 대신 개똥을 넣고선, 흙을 좀 덮고 그 위에 호박씨 세 알을 묻으니.

처음엔 풀뿌리 캐는 게 조심스럽다가 그게 일이 제대로 되나. 이왕 뽑히는 놈! 에라 과감하게 팍팍! 자 그렇게 담장가에 네 구덩이를 장만했구나.

그러고 보니 이 작은 농사에도 수난을 당하는 무리가 만만치 않거든. 풀이 뽑혀 나가고, 갖가지 벌레가 혼비백산 달아나고 말이야. 호미질, 이것도 상당히 비정한 것이구나 하고. 그렇다면 옛적부터 농사란? 고개를 기우뚱하고 있다.

대답 좀 주소서

며칠 못 가서 검은주둥이 병아리가 꼴깍 숨을 거뒀으니. 다섯 마리 중에 달랑 한 마리 남았구나.

궁궁이 엊그제 죽은 놈이랑 봉지에 넣어서 하릴없이 지게에 걸고 나선다. 강아지들도 졸랑졸랑 따른다. 사월도 중순이라, 뒷산으로 터벅터벅 가노라니 저만치 진달래 한 아름 피어 있다.

구부렁 소나무 지나서 산비탈로 오르다가, 봉지를 휘익 내던지고. 북쪽에 있는 봉우리, 할배가 자지봉이라 한 거길 오른다. 중턱쯤에 큼직한 바위턱이 있으니 거기 털썩 앉았어. 까짓 병아리 몇 마리가 그리 대단했던지, 궁궁이 묻는다.

닭 좀 키워 어찌 해 보렸더니 이게 무슨 일이요. 정이나 들락 하는 참에 이리 데려가버리니. 신령님, 대답 좀 해 주소서. 대체 어찌 살란 말이오니까?

자 신령님은 대체 어디로 해서 대답을 주시련고. 구름 가고 바람 오고…… 하늘이 아득 멀기도 하구나. 도시에서 도시물 먹고 살던 놈이 어느 날 산골에 기어들어 자연처럼 살리라 하였으니 그게 잘돼? 염소처럼 풀을 뜯고 사는가, 곰처럼 겨울잠을 자는가, 나무처럼 뿌리가 있는가, 구름처럼 걸림이 없는가. 그래도 살아보자, 개도 키우고 닭도 키우자 했더니 그것도 순탄치가 않아. 하오면 신령님, 어찌 살아야 하오리까?

궁궁이 하릴없이 대답을 기다리고 강아지들은 태평으로 엎드려 있다. 구름이 오고 가고 바람이 떠밀고 하건만 신령님 대답은 아니 오고 배에서 꼬로록 쪼로록 대답이 온다. 차라리 도끼를 연못에 빠뜨리기나 했더면, 이 도끼가 니 도끼냐 하셨을는지. 병아리는 해당 사항이 아니런가?

신령님도 무정타 하고 궁궁도 강아지들도 졸졸 하산한다. 오다가 어문 길로 빠지는 바람에 못 본 묘소에 당도했거든, 그런데 이게 무엇이냐. 갖가지 음식이 차려 있다! 사과, 배, 북어, 요구르트…… 이건 누구한테 바치는 정성일꼬? 궁궁이 고개를 갸웃대다가. 그래, 막 신령님께 문안드렸더니 역시 무심치 않으시다! 사과랑 대추랑 주머니에 챙긴다. 강아지들도 북어 쪼가리며 물어뜯는다. 누군가 다시 와 본다면? 궁궁 나무 한 짐 지고선 꾸벅꾸벅 내려온다.

왜 그랬지

오늘은 일어나면 뭘 하지? 허구한 날 아침에 그 답을 기다리는 궁궁이다. 이른 새벽에 경운기 소리가 털털털털 귀를 때리니 이불을 둘러쓰며, 시골도 영 조용하지가 않구나 엥이.

아침나절에 한 청년이 마당엘 들어서는데 향나무집 막내 아들이라. 인근 골재상에 일 다니는데 오늘은 쉬는가. 마당에서 안부를 나눈다. 청년이 보니 맨날 집에서 노닥거리는 궁궁이라 묻기를, 대체 일도 안 다니고 뭘로 벌어 살으유? 농사도 없이.

그 질문이야 이미 수 차례 받았던 것이니, 궁궁이 대충 주워 섬기는 대답인즉. 한때 출판사에서 밥 좀 먹었기로 교정일이란 걸 좀 한다 이거야. 헌데 그게 시골에선 못 보던 일인지라, 그게 뭐길래 소리 소문 없이 돈을 버는고? 하여서 어떤 할매는 궁궁이 붓글씨깨나 쓰는 줄로 알고, 쪼그랑 아저씨는 무슨 글쟁이쯤 되는 줄로 알고……. 한 어른은, 그래 벌이는 얼마나 되는가 물었는데. 비록 집도 절도 없지만 깜냥은 있어서, 한 사오십 된다고 하니. 그 어른, 그것도 혼자 살림엔 적지 않은 돈이라 치더라.

허나 저번 달부터 그 일도 날아간 터인지라. 궁궁 똥줄깨나 당기건만 애써 태연한 척으로, 지금은 좀 쉬고 있다 한즉 청년이 도리어 걱정이다. 궁궁, 시골에서 지내니 정말 돈이 안 든다며 씨익 쪼갠다.

하긴 도시에선 하루 한 끼만 사먹어도 한 달에 얼추 십만 원 들더라니. 여기선 쌀값에 담뱃값에 끽해야 오만 원, 반찬, 양초, 소주, 군것질에 차비까지 한 오만 원이니. 해서, 십만 원이 설마 사람 잡기야 하것는가 하고. 그때는 물가가 요즘 같지 않았거든.

마당에서 이야기하는 차에 담장께에 뭐가 움찔움찔 하거든. 고개 돌려 보니, 스르르르 뱀이다! 기다란 놈이 담장 따라 가고 있어. 궁궁이 움찍 놀라 청년한테 눈길을 보내니, 힐끗 보고선 어문 이야기 한다. 으잉, 남의 집에 뱀이다? 대문 쪽으로 스르르……. 닭, 아니 병아리는 뒤뚱뒤뚱 배암을 따라가고, 궁궁 낯빛이 해쓱하여서 저걸 어째야 하나 다그친다. 청년이 씩 웃으며, 집에 나오는 구렁이는 안 잡는대유~. 그 사이에 대문께 가던 뱀이 감쪽같이 사라졌구나.

청년이 가고 난 뒤 마루에 앉은 궁궁, 영 땡감 씹은 표정이다. 시골이 좋다, 자연이 좋다 했더니, 담장 안에 뱀이 다닌다! 그런데 그걸 큰

지렁이쯤으로 치는 시골 사람……. 구렁인지 뱀인지 그걸 한 식구로 치는 게 시골 방식이라니.

한참 만에 궁궁이 팔을 걷고 나가선 담장을 붙들었다. 시멘트 기둥 사이에 시멘트 판대기를 착착 끼운 조립식 담장, 그 판대기를 위로 빼느라 낑낑 힘을 쓴다. 지나가던 마을 사람이 보고, 왜 멀쩡한 담장을 헐고 있냐고 한마디씩 하니. 궁궁, 엉, 내가 왜 그랬지? 그래, 담장이 앞을 가려서 갑갑하기도 하거니와 오후에 햇살을 너무 일찍 가린단 말이지. 작약이랑 상추한테 햇살을 선물한다 이거야.

사월 햇살이 뜨끈뜨끈 내리쬐어 궁궁 연신 땀을 훔친다. 담장 두 칸을 간신히 무릎께까지 헐고선 각목을 잘라서 얼개를 해넣는다. 혼자 남은 병아리가 그 틈으로 나오더니 폴짝 어깨에 올랐다. 덩달아 강아지들도 한사코 비집고 나오니, 궁궁 또 고개를 개우뚱한다.

그럭저럭 해질녘에 작업이 끝났으니. 이제 햇살도 제법 들고 담장 너머 전망도 보이는구나. 아직도 아침 저녁으론 차가운지라, 저녁이 되자 불을 땐다. 혼자 된 병아리, 비약비약 마루로 오르자 훠이훠이 여러 번 쫓아낸다. 병아리가 결국 마루 밑에 자리를 잡았으니 거기 강아지랑 친해지려나?

촛대를 손보느라 또 똑딱거리던 궁궁. 촛불을 들고 방에서 나오는데, 바람이 음산하고 밤안개가 휘루루 휩싸고 돈다. 별도 달도 가려지고 없는데……. 촛불을 들고 마루 밑을 보노라니, 바람에 금방 금방 꺼지고, 부 엉 부 엉 저편 산자락에서 부엉이가 운다. 병아리가 개

집을 차지하고 검돌 검순이가 밀려났거든. 거참, 별꼴이네. 궁궁이 볏짚을 나누어 깔고, 담 모퉁이에 짚단을 찾으러 갔다가 구렁이가 휘리릿 덤비는지 후다닥 도망을 친다.

뒤늦은 소식

봄기운이 스르르 번지는 시절인데, 마을사람들 등쌀에 궁궁이 결국 항복했다. 마당에 풀을 사그리 매는데 호미로 캐다가 손으로 뽑다가. 그러다가 얼핏 생각키를, 풀이 무성했다간 자칫 뱀을 못 볼 수도 있겠다! 운 나쁘게 밟기라도 했다간?

그렇게 쉬다가 매다가 마당에 풀매기가 사흘을 간다. 봄비가 그치고 회색구름이 덮고 있다. 하늘이 흐리면 기분도 흐리기 쉬운데 큰개집 어른이 지난번 일한 품삯을 주고 가거든. 펴보니 이틀치 사만 원이라. 시골에서 번 돈, 이걸 아까워서 어이 쓸꼬 고이 접어 간직한다.

처마 밑에 웬 새가 날아들었으니 궁궁이 그저 제비쯤으로 알고, 겨울을 어디서 보내고 이 산골 동네를 어찌 찾아서 왔나? 봄이면 풀이 돋고 새가 오네 하고.

궁궁이 집 비운 지 사흘 만에 돌아오다가, 마침 큰개집 경운기를 만나서 타고 온다. 반찬통이며 뭐며 가방이 무거운데 나무 담장 사이로 보니 북실이 마루께에서 서성거리고, 검둥이 하나 엎드려 있다. 궁궁이 들어서자 대문간에서 마루께에서 팔딱팔딱 뛰는 고 개. 꼭꼬는 곁눈질로 구경만 하고. 어느덧 사월도 기우니, 재글재글 맹꽁인지 개구린지 소리를 질러대고, 구름 훠훠 지나간다.

궁궁이 검돌이랑 산책을 나서는데 밭에다 비닐들 씌워 놓았으니 밭길로는 못 가고, 옆집 지나 길따라 올라가는데, 쪼그랑 아저씨네 큰개가 으르렁대니까 검돌이 겁먹고 얼어붙었다. 궁궁 혼자서 구부렁 올라간다. 그 길에 자그만 절집이 있는데 스님은 작고하고 나이 지긋한 보살님 혼자 있어. 화단에 금적색 꽃이 우루루 피었으니, 그건 해당화라 듣고. 거기도 지나서 산자락 가는 길에 콩알만한 흰 꽃 소복한 나무도 있고, 동전만한 꽃 피운 나무도 있고. 사람이 잘 다니지 않아선지 가시나무며 찔레며 무성한데 더듬어 나가자니 솔짝한 평지에 묘가 있다. 위쪽에 소나무가 빼드렁빼드렁 한지라. 여름에 여기 와서 쉬면 좋겠구나 하고. 그저 놀고 쉴 궁리는 빼먹지 않아.

나뭇가지 몇 개 들쳐 메고 오는데 대문을 누군가 걸어놓았거든. 누가 다녀갔나? 궁궁이 나중에 들으니, 개장수 차가 왔더란다. 집 앞에서 한 놈은 차에 있고 한 놈은 집에 들어가 개를 슬슬 만지고 말이여. 마침 아랫집 아주머니가 올라오노라니, 차 안에 있던 자가 뭐라뭐라 소리를 내더래. 뭐 하는 거냐 물으니, '집주인이 어디 갔는지……' 웅얼대다가 휑하니 가버렸단다.

그 아줌마가 아니었다면? 왠지 궁궁 가슴이 써늘한지라. 침입자, 그게 문제다! 하고선. 마을을 어떻게 지켜야 할지 또 궁리를 한다. 만날 궁리는 그렇게 많다.

추녀 안 제비집에 새가 포르르 들앉기도 하고 휘리릿 나가기도 하거든. 근데 제비도 여러 가진가? 등은 검은데 배는 황갈색이라. 또 어쩌다 보면 회갈색 새가 날아들기도 하니 제비치고는 이상하다? 고개를 갸웃댄다. 그게 딱새 부부란 건 딱히 몰랐지만 그렇게 한 지붕 아래 만나긴 만났구나.

궁궁이 과수댁 밭에 불려가서 줄 잡고 횟가루 뿌리는 일을 거들었더니 과수댁이 큰 바가지에 쌀을 갖다준다. 집에서 지은 쌀이라며 먹어 보라니. 궁궁 입이 벙긋.

산에 듬성듬성 솜사탕처럼 꽃 피운 나무, 그게 벚나무라 듣고. 뒤쪽 밭에 겨우내 엉성하던 나무가 발그레 수줍은 듯 호릴 듯 붉은 꽃 피웠는데 한 할머니 지나가다가 홍도화라, 복숭아는 안 열린다 들으니. 그 이름은 진작에 들었건만 만남은 이리 늦었구나.

날이 훈훈한지라, 궁궁이 겉옷 하나 벗고, 마루에서 먼산 보기를 하다가 하도 화창한지라 대문을 나서는데. 발끝에 노오란 게 채일 참이라. 쪼그려앉으니 그게 꽃이다. 코딱지만한 꽃. 그 옆에는 또 고만한 하얀 꽃. 요기 조기 고로케 널렸으니, 성냥개비만한 줄기에, 냄새를 맡기에도 너무 작은 꽃……. 그 옆에 길쑴한 풀은 가느다란 줄기에 흰 꽃, 노란 꽃 총총하다. 아니, 풀마다 이렇게 꽃을 피우는가? 누구한테 보내는 꽃다발인지, 주저앉아 꽃구경을 한다.

담장 밖에 심은 호박씨는 어째 아직 소식이 없을꼬. 마당이며 뒤뜰이며 절로 움트고 자란 풀은 벌써 꽃도 피우고 줄기가 한참 굵어도 졌는데 말이야.

그나저나 다들 농사일로 바쁘건만 궁궁은 심심타 못해 좀이 쑤실 지경이라. 속으로는 멍석만한 밭이 아쉽다. 허나 밭 좀 달라고 해볼 데도 없고 그럴 배짱도 없어. 농사를 쥐뿔이나 알아야 말이지. 그런 궁궁한테 귀가 번쩍할 소식이 있긴 있더란다.

스무고개

궁궁이 주로 하는 일이, 개 닭 먹이 주기, 강아지 셋 데리고 둑에 뜀박질 하기, 저녁이면 짬짬이 불 때고, 밤이면 달구경 별구경에 아침이면 늦잠 자기라. 그래도 개 닭이 그를 막강한 강자로 알아 그 집에선 홀로 두목 노릇이더라.

가끔 객이 찾아 들긴 하여. 검둥개 데려왔던 친구 일행이 와서 고기 굽고 마당에 상추 뜯어 먹고, 집임자네가 와서 함께 노닥거리다 배웅하고. 그러고 나니 또 달랑 혼잔데. 하지만 입은 혼자입이 아니어서 개입 닭입 해서 여러 입이 궁궁을 밥줄로 알고 시시때때로 벌려대니. 저걸 뭘로 막을꼬. 그나마 가끔씩 쓰이는 데가 없진 않아서 어제는 또 이장댁 담배모에 북주기를 한나절 거들더니.

한낮에 쪼그랑 아저씨가 들어서며 소리를 지른다. 아유 목말라, 맑은 물이나 좀 줘. 옆에 못 보던 사람도 하나 딸렸다. 궁궁이 냉수를 대령하니, 이것말고 쓴물 없어? 궁궁이 멀뚱히 섰다가 그제야 눈치를 채고, 술병을 내온다. 지척에 집 놔두고 어째 대낮부터 술추렴인고?

마루에 술상 차리니 갈증 풀 듯 소주를 쭉 털어넣는 쪼그랑 아저씨, 옆엣사람을 두고 예전에 머슴 살았던 집에 아들이라 하고, 도시에 사는데 고향에 들렀다 한다. 그 머리 광채가 궁궁보다 눈부시고, 큰 컵에 소주를 주욱 비우는 게 예사롭지 않은 경지라. 오늘 향나무집 밭일을 함께 해 줬단다.

쪼그랑 아저씨 일어설 적에, 향나무집에 점심 차려 놓았을 거라며 궁궁까지 달고 간다. 그 집 안방에서 더운 밥에 고기에 낮술 한잔 디었고서 건들건들 돌아온 궁궁, 담장가에 섰다가 못 보던 떡잎을 보았으니. 오옷, 반갑다 호박아, 이게 얼마 만이냐?

벌써 오월이니 보름이나 걸린 거지. 드디어 농사가 희망을 보인지

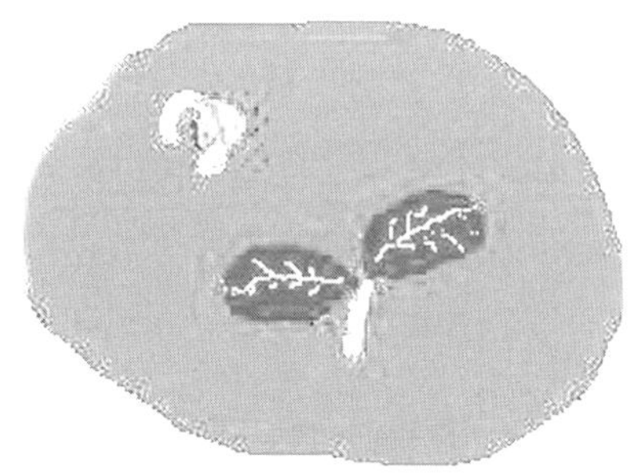

라 하룻밤 자고 나서 호박한테 문안을 드리는데 씨앗보다 훨씬 큰 떡잎을 떡하니 두 장 펼쳤으니, 장하다 하고. 호박 농사 큼직한 꿈을 키운다.

오후에 궁궁이 마당에서 얼쩡거리자니 뒤편 밭에 향나무집 할배가 혼자 일하고 있거든. 빤히 보이는지라 어슬렁 나와 보는데 바람에 벗겨진 비닐이 길길이 펄럭거린다. 궁궁이 비닐자락 붙들며 거들자니, 무뚝뚝 일하던 할배가 핀잔을 한다.

"만날 남의 일만 하구서 워쩌자는겨?"

궁궁 입을 옴찔하다 말고 빼딱고개를 한다. 아니, 그 말씀이 이상타. 남의 일이라? 그럼 할배가, 마을 사람이, 남이런가……. 그럴진대 어제 점심상은 어째 공으로 먹였을꼬? 대체 아리송한지라. 우리가 무엇일꼬, 고개를 꼬며 스무고개를 넘는다.

자아, 도시에 살 적엔 아랫집 웃집 얼굴 익힐까 봐 눈길을 붙들고 다녔더라. 그저 특별 사연 아니면 모른 척을 예절로 삼았으니 그게 남이 아니던가. 여기서는 어쨌더라. 낮에 대문 걸고 있다가, 문이란 사람이 다니라고 낸 건데 어찌 닫고 지내냐 핀잔을 먹고, 누구네 집에 다들 오라 해서 가보면 제삿밥 생일밥 잔치밥 차려 있고, 그저 지나는 길에 이야기 저야기 하다가 묵 한 사발 국수 한 그릇 얻어먹고, 반찬 없을라 고추장 짠지도 얻어오고. 여기 이웃은 다르구나. 남남이 아니구나 했더니.

할배 말로는 그게 다 남이다, 남의 일이라……. 낮도 밤도 한 하늘

덮고 지내고, 지켜도 함께 지킬 마을이 아니더냐. 근데 그게 남인가? 제딴에 심히 헷갈린다.

문득 한 생각이 들길, 이웃 간에도 니 집 내 집이 따로다, 또 니 밭 내 밭이 따로다. 이 밭 농사가 내 곳간에 올 리 없으리. 아뿔사 과연 경계가 있긴 있구나. 남인가 보다. 이게 정말 남의 일이로구나. 그 안색이 허망하고 손길이 묵묵하다. 그래도 당장 도망은 못 치고선. 허리를 펴는 게 영 잦더니, 공중에 걸린 해를 힐끔힐끔 흘겨댄다. 오늘따라 해가 어째 저리 더딘고.

할배가 괭이질 하다가 버럭 소리친다.

"저 위에 밭에 농사나 지어 먹어!"

궁궁 멀뚱히 할배를 쳐다본다. 농사를 지어 먹어? 지한테 밭을 준다고? 할배 이르기를, 그 옆에 묘가 있는데 그 벌초만 해 주면 돼야. 밭이 한 삼백 평 돼.

궁궁 귀가 번쩍하여, 벌초가 뭐 그리 어려울까! 깔딱깔딱 물어 쌓는다. 밭임자는 따로 있다, 절간 보살이 부치던 밭인데 올해는 힘든다고 손놓았다, 절 지나서 산 바로 아래야.

그것 참 좋겠다, 너무 훤히 드러난 곳보다 구석진 곳이 낫지? 더울 땐 숲에서 쉬기도 좋겠다……. 궁궁이 할배한테 밭 좀 얻어달라 당부를 한다. 이제 어서 밭을 보고 싶어 속을 태운다.

일 마치고 나니 날이 저문지라. 궁궁이 똥 마려운 강아지처럼 마당을 오가며, 불을 켜고라도 가볼거나? 아서라 참아라, 가슴을 다독거리며 눈앞에 그려본다. 아마 지금은 풀이 그득하겠구나. 그러니 땅을 갈아야 할텐데, 뭘로 갈아야 한다지? 할배한테, 아니면 이장댁에 물어 봐야겠구나. 흐흣 삼백 평이라, 데굴데굴 굴러도 삼백 번은 구르겠으니……. 자아, 거기에다 뭘 심는다지?

호박을 잔뜩 심어? 아니면 할배 말대로 고추를 몽땅 심어? 아니야. 한 가지 하기보단 이것저것 하는 게 좋겠다. 옥수수도 심고, 콩도 좀 심고…… 그래, 어머니가 좋아하는 고구마도 심자. 한쪽에 수박도 심어야지. 그래 참외도 달고 좋지…….

이놈이 방에 누워서도 온갖 작물을 심어쌓더니 벌써 수박을 쩍 갈라 으적으적 먹는다.

오래된 숙제

담배가 떨어지니 궁궁, 이리저리 뒤적거려 꽁초를 찾아 피우다가, 결국 집을 나선다. 마을에서 좀 내려가면 제법 큰 마을이 나오니 거기엔 학교도 있고 한쪽편에 가게도 있어. 과자도 팔고 담배도 팔고 또 공중전화도 있으니, 궁궁이 집에 전화 놓기 전에 더러 다니던 곳이라.

그 마을은 집도 많고 사람도 많다. 궁궁이, 이 마을은 아늑한 맛이 없다, 사람들 인심이 벌써 다르다 하고. 시골이라도 마을이 크면 서로 다 알고 지내기도 어렵고, 서로 친밀하기도 어렵겠다. 그러고 보니 친구가 집을 구해도 잘 구했다 하고.

오는 길에 학교에 들어서니 교문 바로 안쪽에 커다란 느티나무가

섰다. 그 밑둥이 서너 아름이요, 바닥에 굼틀굼틀 드러난 뿌리, 그것도 아름이 넘겠으니. 이 얼마나 된 나문가? 그 아래 담배 한대 피운다.

아담한 건물을 보며, 이 학교에 다니는 아이들은 즐거울까? 혹시 선녀 같은 선생님도 있을까? 그런 생각에다, 어쩌면 학교란 데도 정다운 곳이겠다, 친구들과 만나고 뛰놀고……. 한 가지 골치거리라면 늘 그놈의 숙제, 그게 탈이었지. 이 학교도 그렇게 숙제가 많을까? 아니 뭐, 시골에서 아이들을 그렇게나 괴롭힐려구……. 연긴지 한숨인지를 훅 뿜으며, 고개를 젓는다. 졸업하고 한참 뒤에 또 숙제를 받았더란다.

객지에서 모처럼 고향집에 왔다가 개구쟁이 시절 학교엘 간 거야. 정답던 길을 지나 교문을 들어서는데 가슴이 철렁 한다. 그토록 우람했던 건물이 왜 이리 작아졌지? 그 너르던 운동장도 바싹 오그라들었으니.

눈을 부비고 보아도 마찬가지야. 무슨 공사를 했나? 유심히 둘러본다. 한쪽에 느티나무도 그대로 있어. 단지 그토록 거대했던 나무가 오히려 홀쭉해졌으니. 이게 대체 왜, 어째서?

분명 마법이야. 대체 어떡해야 학교를 마법에서 구할꼬? 온갖 궁리를 하다가, 수리수리 커져라 뚝딱, 주문까지 외워본다. 작은 운동장에는 철모르는 아이들이 뛰놀고 있는데, 마법에 빠진 학교를 두고 돌아서는 발길이 무겁다.

어릴 적 학교가 나중에 가면 작아진다? 그런 걸 배운 기억이 없거든. 어쩌면 이제껏 배운 지식이나 생각에 중대한 결함이 있는 게 아닐지? 그날 밤에 누워서 결심을 하길. 추억 속의 학교를 구해야 한다. 이 별난 숙제를 꼭 하고야 말리라.

그랬던 게 어느 결에 묻혔던지 까맣게 잊어 먹었네. 실인즉 그런 경험이 또 없지는 않아서, 어릴 적에 봤던 도랑이며 길이며 그런 게 또 그렇더란다. 자 아인슈타인이란 과학자는 상대성이론을 내놓아서 세상 사람들을 놀라게 했다는데 그런 건 배웠노라 알겠노라 하던 놈이 제 눈 속에 든 상대성, 이 숙제는 이십년이 넘도록 못 한 거야.

그러고도 먹물 행세로 살았다니 거참.

한번은 이 오래된 숙제를 찾아내고선. 이제 미뤄둔 숙제를 하는데 개구리가 올챙이 시절을 알 수가 있어? 여러 날 고민을 하다가 그러다가 놀이터 꼬맹이들한테서 실마리를 얻은 거야. 꼬맹이가 저를 거인으로 보더라 이거야. 어릴 적엔 어머니가 다 거인이지. 어느 날 어머니 곁에 서 보면 더 이상 거인이 아니야. 거기에 답이 있었던 걸. 늘 사물을 일정하게 본다는 생각, 그게 여우꼬리를 닮았어. 제 눈을 믿지를 못해. 어릴 때 본 달은 왜 그렇게 컸던가 말이야.

언젠가 다시 학교를 만나는 날이 오면…… 이렇게 늦어진 숙제를 건네고, 아련한 시절 이야기를 나눌 수 있을지.

완전히 갔다

어귓집 동갑내기 휜칠이가 담장 너머로, 술 한잔 하라고 부른다. 평소에 보기 어렵더니 왠일인가 하고 나서니, 아래쪽 밭에 고추 모를 심느라 이집 저집 한데 나와서 일하고 있다. 궁궁도 하는 수 없이 흙 북주기를 거드는데, 쪼그려서 하다간 연신 일어나 허리를 펴댄다.

휜칠이 술 한 잔 건네며 싱뚱생뚱, "도시 사람들도 농사일을 해봐야 농사일 힘든 줄 알어." 하니. 아이고 허리야, 정말 힘들다, 한 잔 쭉 들이킨다.

이장댁 안주인이 지나가다 옥수수 알을 한 봉지 주고 갔으니, 두 손에 그득하다. 그걸 다 심으면 대저 옥수수가 얼마나 열릴까?

새날 밝은 뒤에, 외지 사람들이 장사 치른다고 뒤편 산자락으로 우

루루 올라가더니만. 이제 내려오는지 시끌시끌하다가,

"저 집은 왜 저렇지?"

"집이 완전히 갔어!"

궁궁이 마당에 있다가 대체 어느 집 말인가? 옆집에 무슨 일이 생겼나 하곤 슬며시 나와 본다. 옆집 가서 대문간을 봐도 멀쩡한지라. 왜? 뭘 보고 그러는가 두리번거리다가. 아무래도 지가 사는 집밖에 없는지라……. 아니 그래, 완전히 갔다? 나참, 대체 가긴 어딜 갔다는 거야!

한 대 쥐어박으려고 달려가다 보니 벌써 저만치 가버렸네. 이런 경을 칠! 하여튼 건방진 침입자들이로고, 씨부렁대다가. 고개를 개웃하고서 제 집을 바라본다. 집터가 허리춤 높이나 되고 담장이 두르르 에둘렀다. 한쪽엔 각목으로 울을 댄 게 운치를 더하고, 꺾어서 대문께는 비스듬하니 다니기 좋고. 그 옆으론 옆집 아래채가 높다라이 이어졌으니. 대체 뭐가 어떻단 말인가? 제 눈엔 그저 그만인데…… 저 사람들은 영 아니올시다?

대문간이며 담장 아래 둑에는 올망졸망 덮은 풀에다 가늘가늘 키 큰 풀들이 한가롭고, 사이사이에 호박 줄기가 자라고 있어. 아니 어쩌면, 갔다는 평엔 풀이 한몫 했나? 저 풀이 보기 싫어? 지가 보기엔 평화롭고 정다운데……. 그걸 달리 보는가?

자 달리 보기, 과연 그게 가능한지. 어째서 그 눈이 그런지. 궁궁이 제 눈을 한번 바꾸어 보려고 게슴츠레 바라본다. 마치 숨은 그림 찾기 하듯이 꼭꼭 박아가며 '갔다' 란 놈을 찾는데 한참을 봐도 그게 보여야 말이지. 젠장, 가긴 뭐가 갔다고…….

그놈들 참 이상하다. 완전히 갔다! 했으니……. 그 눈이 대체 무슨 눈이야? 그래 갔다, 갔어! 눈에 힘을 빼고 처연히 본다. 꽤 아득한 기억처럼, 별안간 안개가 아스스 감돌고 먹장구름 끼이더니 문득 그 자리에 한 집이 섰다. 얼크렁설크렁 풀이 무성하고, 한쪽 담장이 무너져 나무토막이 얼기설기한……. 인적 없이 조요한 폐가가 섰으니. 정답던 집은 온데간데 없다.

궁궁이 어질어질하여 이마를 짚는다. 뭔가에 홀린 게 분명하다. 그렇지 않고선, 어찌 저런 폐가에서 그토록 느긋하게 지냈더란 말인가! 맥없이 대문을 들이시니 개들이 합창으로 꼬리를 실렁실렁 흔든다. 궁궁, 마루에 털썩 주저앉아 손을 젓는다. 꼬리 흔들지 말어, 요 요놈 여우들아!

못된 산새

높직한 밭둑 위, 솔숲 아래에 길다란 밭이 있었지. 마을에서 제일 높은 밭. 할배 덕분에 드디어 밭을 얻었으니, 그 대견한 소식을 두루 전하고 싶었더라. 하지만 그 누가 알아나 주리요. 기쁨을 혼자 벅차게 누렸으되.

풀이 이미 훌쩍 자라 경운기로 갈아 엎기도 어렵다니, 이 일을 어이할까 고민을 하다가. 한쪽부터 캐고 심고, 또 캐고 심고 그러면 되겠다 하고선.

밭 어귀에 들어서니 벌써 봄철을 살던 풀들이 일변 가늘가늘 시들고도 있고 또 한쪽에는 푸른 잎새를 너불너불 뻗고도 있고. 가지가지로 이놈 저놈 웅성웅성 들앉아 있구나. 니들은 어이하여 이토록 자리

잡았는가. 호미 든 궁궁, 요리조리 눈총을 주면서 안쪽까지 들어간다. 휘유, 한숨 한번 쉬고선, 이제 농사 좀 지어야겠으니 날 원망 마라. 기어이 호미질을 시작했것다.

호미를 무기 삼고 두 손에 두 발에 한 마음이라. 호미로 풀을 캔다. 쪼그려앉아 풀을 캔다. 손으로 당겨 본다. 양손으로 뽑아 본다. 호미질 손질 발질로 캐고 뽑는다.

더부룩 자란 건 양손으로 쥐고 당겨야 간신히 뽑혀. 뿌리에 붙은 흙은 또 어째. 가늘가늘 질긴 놈은 아예 잘 뜯기지도 않아. 일일이 호미로 캐야 할 판이라. 뽑고 캐고 당기고 하는 참에, 아랫밭에 왔던 이장댁 안주인이 와서 보고는. 뿌리 흙을 탈탈 털어서 뿌리가 볕을 보도록 착착 눕혀라 하곤 시범을 보인다. 그래야 죽지 비오면 도로 살아난다 이거야.

호 풀이 그렇게나 질긴가 하곤. 흙을 털어가면서 호미질 뽑기질로 밭고랑을 기자니 에고 허리야, 이 밭을 언제나 다 캘꼬. 연신 허리를 두드린다.

끼끼끼끼 끼이~
산새가 운다
끼끼끼끼 끼이~
산새가 운다

우는 게 아니라 비웃는 거냐
끼끼끼끼 끼이~
참 못된 산새도 다 있네.

그렇게 풀을 매고 매어서 한쪽에다 콩을 몇 이랑 심었더라.

질긴 놈

제딴에 혼자서도 살림을 한다 하는데 그 꼴이 수상허다. 아침에 눈을 떠도 그냥 누웠다가, 결국 뒷간 가느라고 아니면 등짝이 배겨서 부시럭 일어나고. 밀린 빨래는 냄새가 꾸릿하고, 마당에 풀은 개똥 닭똥 먹어선지 비죽배죽 무성하고, 그러니 살림 참 잘한다. 살림? 살린다? 대체 어떡해야 이 건달을 살리리요.

불을 때어 봐. 땔감도 곁에 동무가 있어야 서로 불길을 나누면서 타지. 한 둥치로는 잘 타지가 않아. 기껏 불을 붙여놔도 스르르 꺼지면서 연기만 풀풀 내지.

자 이제 날이 풀려 불 때기도 접고, 밭에 다니느라 나무 할 겨를도 없구나. 가끔 몸이 근질근질할 적에 장작패기, 그거 땀이 좍 스트레

스도 콱이라. 궁궁이 어디가 근질근질한지 도끼질을 한다.

처음에 도끼자루를 깎아 박고서 도끼질 할 때, 으랏차 쿵. 언제 장작을 패 봤어야지. 굵은 놈 하나 놓고서, 세워서 찍다가 눕혀서 패다가 그저 찍고 패고 수십 번인데 이거 어케 된 거야? 그저 이쑤시개만 잔뜩, 땀만 흠씬. 이것 참…… 이러다가 세월 다 날리겠다. 쿵, 쿵 도끼질 소리만 요란터니.

이제 잘 쪼개질 나무를 받침목에 올리고 한방 먹이니 쩍 뱃속을 드러낸다. 속이 어찌 그리 노오란가 아카시아야. 궁궁, 도끼를 으랏차 내려치는데 빗맞은 도끼날이 홱 다리를 스치니. 아고오, 그 날이 유난히 시퍼런지라. 그놈 거 무서운 놈일레. 제대로 정강이를 팼더라면…… 하고 보니 거기에 웬 얼굴이 있다. 차가운 기색을 하고서 나 몰라라 한다. 바로 도끼 사준 그 친구가 아니런가.

그때야 뿅 떠오르는 선녀의 말씀. 날 달린 걸 선물하면 사이가 벌어진다. 그렇구나! 날, 그게 사이를 베는구나. 앞으로 그런 건 선물을 않으리라 하고선. 궁궁이 날 달린 걸 꼽아 본다. 자 그러니까 도끼, 칼, 낫…… 또 뭐냐, 그래 톱……. 이뿐인가? 어째 몇 개 안 되네. 호미? 괭이? 그런 것도 날이랄지. 그럴지면 세상에 날 아닌 게 없겠다. 온통 날이게?

아니 근데 날이란 게 꼭 칼이나 도끼에만 있는 건가? 그것보다 무서운 것도 있는데. 총이나 폭탄은? 그건 진짜로 날카롭지. 또 그런 게 아니래두 자동차는? 교통사고로 죽고 다치는 사람이 얼마라더라?

자, 그러고 보면 세상에는 이상한 날이 숨어 있기도 하구나. 이것 참, 선물할 게 얼마 안 되겠네. 혹시 문명이란? 어쩌면 저 찬란 문명에는 보이지 않는 날이 곳곳에 숨어 있는 건 아닐지…….

자 궁궁이 전번에 문명의 정체를 캐리라 한 적이 있었것다. 그런데 접때 한 친구가 무슨 회보를 얻어다 줬는데, 그걸 뒤적이다가 유기농이다 뭐다 하는 걸 보곤 모처럼 공부도 좀 했더라. 근데 거기 별난 글이 있었으니. 꽤나 어렵긴 한데 하여튼 대충 읽고 씹고 해보니, 뭔가 대단한 말씀으로 현대 문명에 대해 아주 통큰 소리를 해놓았더라. 이름하여 한살림선언이라. 궁궁이 탄식하길, 햐 참 이런, 늦었구나! 내가 그 정체를 붙들리라 했는데 지금 보니 그 선생이 먼저 다 해버렸네. 그것도 아주 떠리잡기 힘든 근사한 말로…… 이제 어쩐다? 궁궁이 졸지에 실업자 된 심정으로, 툴툴 마당을 돌더니.

그 뒤로 이제 문명 그 화두는 접었는가 했더니, 질긴 놈. 지는 지대로 또 더듬어 봐야겠다 이거야. 선녀말씀, 선생말씀, 그게 다 그렇지 않은가. 결국 당해 볼 즈음에야 말귀가 열리니. 그게 꼭 그래야만 되나? 그냥 쏙쏙 들리면 안 되는가? 한탄을 한다.

우와 고맙다

검돌, 검순이가 이제 꽤 컸지. 닭장이 개장으로 둔갑을 해서 둘은 거기에 갇혀 지내고 꾝꼬는 마당을 노닌다. 제법 벼슬이 아래위로 늘어지고, 꼭꼭 소리도 걸걸하구나.

궁궁이 마루에서 또 고개를 꼰다. 저걸 또 독수공방으로 둔단 말이야? 이 노털만 해도 그렇거늘 저놈마저 홀애비로? 이러다가 정말 집터 나쁘다고 소문나겠다.

그것만 고민이 아니라, 별스레 벌이는 없는데 쓰임새는 있어서, 당장 편한 대로 당겨 쓰고 보니 다달이 물어낼 이자가 얼추 사만원이라. 그게 남의 밭을 이틀은 뿔뿔 기어야 당할지니! 어이그 뺏골이야……. 그렇다고 돈벌인들 지 맘대로 하는 것도 아니니. 마루에 한 마음이 마냥 궁궁타. 연초록 봄산도, 화사하던 꽃소식도 지나고 무심한 하늘에 짙푸른 산이라. 눈길이 어문 곳을 떠돈다.

또 집 탓을 하길, 여긴 사람들 오가는 길목이라 피곤하다. 마을사람들 지나가면서 놀면 논다고 눈치, 또 풀만 보면 타박이니. 대관절 밭도 아닌데 풀이 좀 있으면 어떻단 말이야 어이그. 세상 만물에 다 한울이 들었다, 그러는 이도 있던데……. 서로 어울려 살진 못할망정 어찌 된 거야 이건. 풀하고 저리도 싸워서 무슨 큰 영광을 볼 거라고……. 역시 사람은 서로 통하는 사람끼리 모여서 살아야 하는 걸까……. 그래야 할까 부다.

궁궁 하릴없이 밭일을 하는데, 땅이 여물어 호미질도 힘들고 질긴 놈은 되게 질겨서 잘 뽑히지도 않으니. 두 손으로 낑낑 뽑는다. 작년엔 보살님이 밭을 부쳤다는데, 연로한 몸으로 어찌 감당했는가. 아이그 허리야, 아이고 풀이야.

얼마 아니 가서 나무 그늘에 퍼질러 앉았다. 소처럼 생풀 먹고 살 수 있다면 좋으련만 이처럼 풀을 매고 또 농사를 지어야 하니, 수고롭기 그지없다. 어찌해야 이 고생을 벗어날꼬. 제딴에 궁리랍시고. 차라리 염소를 기르면 어떨까? 누렁소는 너무 버겁고 염소 정도라면 이곳 저곳 풀도 뜯기고, 풀 고마운 줄도 알고……. 그래 유목민은 늘 풀을 찾아다녔다지 웅.

그렇게 염소한테 길이 있다 하고는. 이제 과연 염소를 어디서 잡아올꼬. 궁궁이 끙끙대다가 결국 전화기로 염소를 붙잡았으니 그 사연인즉 이렇다. 한 친구한테 시골 안부를 전하면서 슬며시 염소타령을 늘어논 거야. 여기 데려다주기도 한 그 친구가, 그래 한두 마리 키워봐라 삼십만원을 보내마 이리 됐구나. 친구 간에 돈을 빌리기도 하고 못 갚기도 하고, 그 바람에 면목도 우정도 깨지기 예사인즉. 실로 넉넉하기가 쉽지 않더라. 그 우정이 참 고맙네. 대체 재물이 남아야 넉넉할까 마음이 남아야 넉넉할까.

궁궁이 콧노래를 부른다. 애기염소오 벗을 삼아 논둑길을 걷노라면~. 근데 절간 보살님 말씀이, 염소는 성미가 까다로워. 매어서 기르다간 자칫 죽고 말어, 하였으니. 헛참 이를 어쩐다.

장에 간 궁궁이 염소는 아니 사고, 중병아리 두 마리를 사왔는데, 한 마리는 금새 시들다 가고 한 마리는 며칠 비운 사이에 간 데가 없다. 어디로 갔나, 아무리 찾아봐도 없거든. 나중에 개장 안에서 낯익은 깃털이 나왔어. 근데 몸통은 어데로 갔나? 아무래도 수상하다. 이이, 검둥이 놈들, 이 못된 놈들아!

궁궁이 또 장에를 갔다. 고구마는 참 이상하다. 뿌리도 없는 줄기를 그냥 심으란다. 그래도 그걸 제일 큰 농사로 삼아 석 단, 삼백 줄기를 샀으니, 고구마를 밥보다 좋아하는 어미가 있더란다. 또 큰 병아리, 이번엔 거의 닭이 된 걸 육천원씩 두 마리 사고. 하긴 수탉 하나만 키워봤자 뭐가 돼?

꼭꼬가 제 동포들을 무척 반길 줄 알았더니, 쪼으고 내몰고 텃세를 단단히 부리거든. 그래도 몸집이 있으니 견뎌내는지라. 처음엔 그런

거야, 해 둔다.

꼬마 친구들이 놀러를 왔다. 아직 학교 안간, 일곱 살 여섯 살 계집애 둘이. 더러 와서 놀다가 가고 또 충고도 해주고, 어쩌다 한번은 밥도 먹고 가고. 이번엔 등 뒤에 뭘 감추고 왔는데 저기 저수지 둑길에 놀러 갔더란다. 선물, 하고 내미는데 들꽃 한 묶음이라. 요즘 쌔고 쌘 흰꽃에다 또 애기똥풀 노란 꽃도 몇 개.

무슨 장난치는 건가? 궁궁도 장난삼아, 우와 고맙다, 하고선 방에다 둔다. 아이들 놀다 가고선 이제 꽃묶음을 들고, 뭐 망초랬나 뭐랬나, 내던지다가.

다시 한번 본다. 거기 둑길에 자욱한 꽃들, 어찌 보면 고운 꽃만 골랐는가? 도로 방에다 저 안쪽에 얹어 두고시, 돌아서다가 눈이 동그래졌다. 침침한 방이 환해 오거든. 그러고 어디선가 쇄아 향기가 번진다. 이게 웬일이냐? 게다가 가슴에 딸랑딸랑 방울 소리가 들리거든. 어리벙벙~ 하고 섰더라.

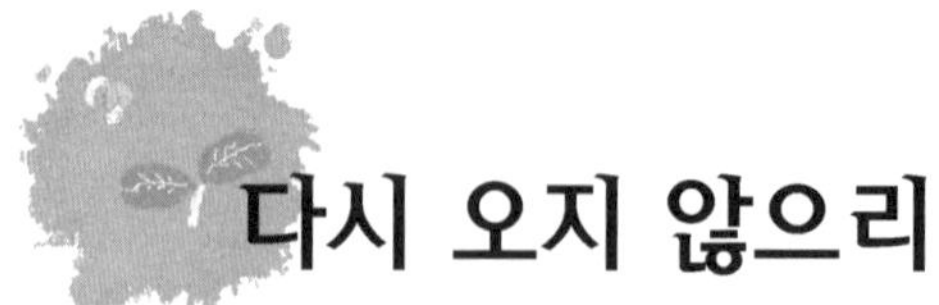

다시 오지 않으리

집도 절도 없는 궁궁한테 뜬금없이 별장이 한 채 생겼어. 어찌 된 사연인고 하니, 보살님이 두어 달 비운다고 떠날 적에, 한번씩 독경 테이프를 틀라고 법당 열쇠를 맡기면서, 덤으로 행랑채에 와서 지내도 좋다 하였으니. 자 이제 속세와 별세, 입맛 가는 대로 지낼 수가 있겠구나.

궁궁이 아예 속세를 떠날까 생각을 한다. 거기는 마을 끝이라 간섭할 사람도 없지, 밭도 가깝고 조용하기도 하고. 근데 개며 닭이며는 어디다 길러? 또 절간 마당이 시멘트 바닥이라 풀은 안 나겠지만 어딘가 삭막하다 이거야.

궁궁이 빚 좀 갚으려고 도시 행차를 했는데, 여기저기 그물을 올려도 영 걸리는 게 없거든. 다들 돈 걱정에 찌부러졌다. 그놈의 돈이 사람을 주눅들게 하지. 머리 속에 턱 들앉아서 요런조런 궁리를 짜내고 왱왱 비상벨을 울리기도 하니 말이야. 궁궁이 가슴이 추욱 처져서, 사막같이 막막한 길을 간다. 그 엄니한테 들렀다가 뜻밖에 쌈짓돈 이십만 원을 받으니 사지에서 문득 활로를 만났구나. 그런데 그 엄니가 기어이 시찰을 나선 거야.

당도해 보니 세 마리여야 할 닭이 또 한 마리가 안 보인다. 그 엄니는 마루에 하릴없이 앉았고, 궁궁은 또 닭을 찾는다. 한참을 찾다가 개장 안을 보니 깃털이 소복하다. 궁궁이 분통을 터트리며, 닭고기에 맛들였구나, 이놈드을!

검둥개 둘은 멀뚱멀뚱 쳐다만 본다. 개가 닭을 물어죽였을 적에 그 버릇을 확실히 고치는 방법이 있지. 곧바로 그 닭, 이왕에 죽은 닭을 가지고 개를 패는 거야. 몸통을 퍽퍽 때려주고 그건 큰 타격이 안 가. 앞쪽에서 코에다 몇 방 먹여. 그게 골 때리는 급소야. 천둥 번개가 치지. 그쯤 하면 그저 바람결에 닭털만 날아도 고개를 홱 돌리리라~.

궁궁이 당장 그러고 싶은데 이건 닭이 있어야 어쩌나 보지? 한참 째리다가……. 문득 깃털을 주워서는 나뭇가지에 꽁꽁 묶는다. 그러곤 그 닭털 막대로 개를 닦달을 하면서 소란을 부리기가 한참이더라.

그 꼴을 보던 어머니가, 저놈이 빼빠지게 공부시켜 놨더니 이런 시골에서 이런 구차한 생활을 하는고 억장이 무너진다. 한숨으로 타이르길, 왜 남들 다 사는 도시 놔두고 이런 데서 이러고 있느냐. 그게 어디 미워서 하는 건가, 저 잘 되라고 하는 말이지. 궁궁이 멀뚱이 듣고 있다가, 도시가 더 살기 힘들다, 인정이 없다, 시골은 물 좋고 공기 좋고, 하며 도리어 설복을 하자 드는데. 서로가 생각한다, 이건 쇠귀에 경 읽기로구나.

이튿날, 밭에 가서 모자가 검정콩을 심는다. 짧은 이랑 두 이랑 심고 나니 마침 친구가 왔어. 검둥이 데려왔던 친구, 대형차 몰아서 먹고 사는데 요즘은 한가한지, 절간 행랑채에서 둘이 술 한잔 하고 거기서 자고.

이제 친구 승용차로 함께 온천엘 간다. 묵묵히 가던 그 엄니가, "지난 밤에 이제 이 시골에 다시 오지 않으리라 다짐을 했다." 하니. 궁궁이 꿀먹은 벙어리다. 낯선 시골집에 혼자 밤을 지내는데 전기가 있어, 뭐가 있어? 이제 또 이산가족 생기는구나.

오는 길에 그 엄니가 장도 보고 해서 살림살이가 또 늘었다. 게다가 그 성화에 궁궁이 절간 행랑채로 거처를 옮겼으니, 이제 전깃불 아래서 지내게 되었구나.

친구랑 산에 가더니 취나물 제법 따고, 산딸기 한 움큼 담은 모자를 내민다. 난 안 먹는다 너나 먹어라, 그 엄니가 취나물만 챙겨서 친구 차편에 떠나니.

행랑채에 혼자 남은 궁궁이 중얼댄다. 갑작스런 행차에 영 곤욕을 치렀네, 휘유~!

천렵

궁궁이 본채에 오니 옆집 과수댁 말이, 어저께 학교 위에 사과밭에서 사람이 죽었대유 한다. 기계차로 약 치다가 차가 넘어져 깔렸단다. 혼자 있자니 무섭더라며, 웬만하면 내려와서 자유~ 한다. 궁궁, 그러지유 하고선 마루에 앉았다. 지가 옆에 있단들 귀신이라도 나온다면 감당이 돼? 그런데도 뭐가 도움이 되긴 되나?

유월도 중순이라, 마을에서 천렵을 간다고 승합차에 우르르 타는데 궁궁도 끼었구나. 짐 실은 트럭도 출동이다. 꼬마들이랑 꼬부랑 할머니는 빠지고도 스물이 넘는 행차라. 가서 올갱이두 잡구, 뭐 준비한 탕두 먹구 그런다니. 궁궁이 속으로, 올갱이? 아니 여기선 올챙이를 그렇게 부르나? 헛참, 그런데 올챙인 잡아서 어디에 쓴다지?

차가 달려서 강변에 당도했어. 널럴한 물에 풍광도 조흘시고~ 한쪽에 솥을 걸고 한쪽엔 천막 치고 술자리도 차리고. 일변 아줌마들, 물에 들어가 허리를 구부리고 올갱이를 잡는다. 궁궁더러 가서 올갱이 좀 잡으라 하니. 헹, 까짓 올챙인 뭐……. 다리만 담그고 경치만 즐기고 있다.

물에서 나오는 한 아줌마, 망 자루를 들고서 자랑을 한다. 그 속에 작은 고둥이 잔뜩이라. 그럼, 올갱이가 고둥? 그제서야 궁궁도 올갱이 잡는다고 물속을 헤작거린다.

술에다 떡에다 과일도 있고. 여럿이 잡은 올갱이를 솥에다 삶으니. 다들 먹기 바쁘구나. 아줌마들 왈, 남자들 끼이면 홍이 없다, 술만 먹고 맹숭맹숭 이게 뭐여~.

저녁 무렵에 다들 올갱이 잡으러 출동이다. 저녁에나 흐린 날에 많이 나온다니, 궁궁도 올갱이 좀 잡았구나. 얼마 안 되지만 보태려 하니. 삶아서 먹어, 술 먹는 사람한테 아주 좋은 거여~.

노인네 나서서 인사 말씀을 하길, 우리 대동계에서 오늘 이런 자리를 마련했으니, 우리 계원들 오늘 즐거운 하루 되시고~.

그러고서 노래판을 벌이니 그제쯤은 술기운에, 얼씨구 좋다. 홍겨운 노래가 강가에 울려퍼진다. 저물기 전에 기물 거두고 돌아오니, 마을회관 앞에 다시 상을 벌려서 할머니들이랑 불러 모아 대접을 한다.

궁궁이 할머니 곁에 끼어 저녁밥까지 배불리 얻어먹고서 홀로 집으로 올라가노니, 파르란 하늘에 두리룽 달이 떴구나. 아래편엔 오순도순 둘러앉아 권주가를 부르는데, 달빛에 아련히 어머니 목소리가 들린다. 다시 오지 않으리라.

늑대와 구미호

산자락 위로 보름달이 두둥 떠오른다. 그 아래 숲은 깜깜 어둠에 잠겼다.

오우우——오~

우-우우——우~

무슨 개소린지 늑대소린지? 가만 있자, 절간 쪽인데 거긴 개도 없는데 그럼, 늑대가 나타났는가? 언덕너머 절간은 산자락 사이에 고요하다.

행랑채에 궁궁이 소주병 앞에 놓고 찔금 홀짝 잔을 비우는데, 한쪽에 산딸기술이 발그레하다. 아니, 정말 늑대가 나타나긴 났구나. 보름달 뜨면 늑대로 변하는 인간이 있다더니. 그것말고도 남자들은 다

늑대다 그러지 않던가. 자아~ 애들은 가라. 애들은 들어도 몰라.

사람이란 그 속 어딘가에 늘 꿍심이 있긴 있는지라. 뭐랄까, 체면이나 도덕 그런 것보다 훨씬 더 뿌리 쪽에 있는 것. 그걸 늑대 본색이라 하더라. 하지만 본색을 함부로 드러냈다간 낭패당하기 십상이라. 속에서야 으르렁대더라도 지긋이 눌러 놓고, 때를 기다릴 줄 알아야 돼. 아이그 그게 또 쉬운 일이 아니다. 자칫 때를 놓쳤다간 또 후회 막급이라. 여자의 마음은 갈대다 어떻다, 가슴 치고 한탄해도 소용 없으리.

저놈 늑대다, 그게 욕 맞지? 그런데 늑대가 왜 어때서? 진짜 늑대는 늠름하게 무리지어 살면서 의리도 많단다. 그런데 언제부턴가 늑대다 하면 그걸 욕으로 삼으니.

가만 보면 사람살이엔 오해가 많어. 게다가 지킬 거, 숨길 거, 갖출 거 하여튼 까다롭기도 보통이 아니니. 대체 사람들은 어쩌다 이 길로 들어선 거야? 어째서 꾸미고 감추고 비틀고 뒤집고 하게 되었냐고.

궁궁이 혼자 꼴깍 술을 삼키며 지 꼴을 돌아보니. 뭐 제대로 하는 게 뭐야. 먹을 걸 제대로 구하는가, 입을 걸 마련하는가, 집이든 연장이든 제 손으로 장만하는 게 뭐가 있어? 지금껏 검은 글자에 눈을 박고 맞다 틀렸다 그걸로 살았으니. 이제 와서 신세 타령을 한다.

이리도 명줄을 이어가니 이 어찌 된 일인가. 이리저리 신세를 단단히 지고 있다? 그렇지 싶다. 그마저 끊긴다면? 끈 떨어진 연, 그 꼴 되겠구나. 매달려야 한다. 자칫 놓쳤다간, 신세 조지겠다. 대체 어쩌다 이리 되었나? 날 이렇게 키운 게 누구야. 하긴 나만 그런 것도 아니다. 사람은 어째서 이렇게 허약한 모습일까? 아니, 사람이 꼭 늑대만 못했을라구. 한때는 분명 늑대 못지않은 적도 있었다던데. 대체 어쩌다 이렇게 되었는고?

아니, 아니다. 사람이야말로 정말 대단하지. 문명을 이루고 그 문명으로 지상을 정복했다. 지배자, 실로 막강한 위세! 그 어떤 늑대가 사람을 당하랴. 산을 뭉개고, 강을 막고, 하늘을 찌르는 기세. 문명으로 사람은 위대해졌다. 그 조종석에 사람이 앉았다.

아니, 지금껏 그렇게 생각해 왔다. 이런, 이까짓 몇 잔에 술이 오르네. 하지만 이제 보니 아니다! 대개는 자기가 문명을 부린다, 주인이다 생각하지만 실상은 문명이 사람을 부린다. 그게 맞다. 조종사를 조종하는 게 바로 문명이다. 확실하다! 그 진상인즉 이렇다. 자아…… 근데 딱히 말로 하자니 혀가 꼬부라져서 이거 원~. 암튼 분명해, 문명이다. 그렇지 않다면 보라. 저 뒤죽박죽 세상사, 저 가혹한 죽임의 전쟁, 막무가내로 퍼뜨리는 오염, 저게 다 뭐란 말이냐. 저건 단순히 사람짓이 아니다. 사람 속에 든 제정신이 아닌 그 무엇. 그게 바로 문명의 조종이닷!

바닥에 창문만한 달빛이 들어와 앉았는데 술 취한 늑대 한 마리, 무슨 철학인지 허풍인지 대작을 하면서 되나깨나 찍어보고 큰소릴 땅땅 치노니. 아니, 문명이 인간을 조종해? 흐흐 참. 도끼든 자동차든 그게 제 혼자서 움직이더냐. 문명이란 게 누군가 사람이 써야 움직이는 것 아닌가? 그런데 뭐가 들씌웠는지 문명을 무슨 배후세력으로 보고선. 필시 문명이 인간을 움직이는 방식이 있겠다 이거야. 이제 그걸 더듬자니 술병이 바닥이라.

그게 정치, 경제, 군사, 종교, 과학…… 그런 식으로 나뉘어 있는 듯도 하니 그 꼬리가 대체 몇이냐? 대체 어떤 방식으로 사람을 홀리는고. 어느 것 하나 제대로 알기도 어려운데 이것 저것 다 파헤치자면 밑도 끝도 없는 것 아냐? 흐이그. 하지만 이걸 밝힌다면 사람이 다시 문명을 조종하게 되는 게 아닐지? 그건 어쩌면 세상의 운명을 바꾸는, 실로 중요한 열쇠일지도! 으음, 그렇다면 더 늦기 전에 이 몸이 그걸 밝혀? 자아, 그 꼬리가 대체 여섯이냐 일곱이냐? 음~ 그것부터가 아리송해. 그렇게 갈래갈래 갈라진 거, 어쩌면 분업이 그 시초인지도 모른다. 편이 갈리고 소유가 굳어지고, 제도다, 고정관념이다 그런 방식일까. 에그 헷갈려라.

어슬렁 창문을 내다보니 휘영청 달이 중천에 떴다. 마을 불빛도 안 보이고 그저 산자락만 있으니. 절간만 두고 다들 어디로 가버렸나?

궁궁이 발그레한 산딸기술로 속을 달래고선. 혹시 구미호는 꼬리가 아홉이라니…… 이놈도 그쯤이련가……. 젠장 구미호가 어디 있기나 있어? 이야기에나 나오는 거지. 산 중에 구미호가 있다는 건, 그건 아마도 자연이 사람을 해까닥 홀릴 수 있다는 경고가 아니겄어. 하긴 뭔가 홀림이 있긴 있지. 어떤 때는 자연에 홀랑 반하기도 하니. 아예, 살으리 살으리랏다 청산에 살으리랏다, 이렇게도 된단 말이야.

하기야 사람이 원래 자연일진대……. 그건 자연의 부름, 거기에 호응함이 아니런가? 그런데 그걸 홀림이라 부른 건? 오히려 홀려 있음이란……. 그게 그러니까 저편에서 보면?

술취한 늑대가, 저편을 찾느라고 요리조리 가누어 보는데. 그게 대체 어디야. 어디가 저편이야. 거길 가본 적이나 있어야지. 깜깜한 어둠만큼이나, 저어기 저승만큼이나 아득한지라. 거울 속에서 저편을 찾아봐도 제 모습만 보이니.

기어이 최면을 건다. 늑대다. 늑대가 나타났다. 어두운 언덕에 외로운 늑대 한 마리가 휘황한 도시를 바라본다. 오오오– 우우– 달을 보고 짖는다. 이지러진 그 눈빛에 오오 맙소사. 문명, 저것이 구미호다 이렇게 찍었으니.

그래서 이제 술김에, 그 꼬리를 붙들리라, 요술에 빠진 세상을 구하리라, 서원을 세우고 다짐을 하고선. 한판 씨름을 벌이는데 허공을 허우적허우적, 삭신을 비틀고 꼬고 으랏차 잡는가 했더니 팩 고꾸라졌다. 바닥에 달빛이 은은한데 어느새 가르릉가르릉 꿈길을 간다.

멋진 뒷간

궁궁네 밭에 갖가지 작물이 자라고 있어. 옥수수가 무릎께 잎새를 키우고, 고구마, 호박, 콩에다, 수박이며 참외도 몇 포기 있어. 고추 모종도 이백 포기나 꽂아 놓았으니. 밭이 제법 그득하다.

그런데 그 밭은 다른 밭과 달리 한결 푸르네. 얼른 보면 풀밭인지 뭔밭인지 구별이 안 돼. 궁궁이 묻는다. 풀은 쑥쑥 잘도 자라건만 작물은 왜 이런고? 전번에 어머니랑 심은 콩, 싹이 트는가 어쩐가 들여다본다. 싹이 나긴 났구나. 근데 떡잎이 다 어디로 간 거야. 대궁 끝이 오므라지고 시들시들…… 다 그렇거든. 대체 이 무슨 사연인가? 그제서야 이장댁 안주인 말이 생각난다. 콩 따위는 속잎 돋을 때까지 뭔가로 덮어줘야 혀. 으~ 어떤 놈인지 진짜로 야무지게도 따먹었네!

궁궁이 절간에서 지내면서 한 가지 번민을 얻었으니. 좁아터진 뒷간에 코를 찌르는 암모니아, 게다가 득실대는 구더기에 발디딜 틈이 없으니. 아이고 허리춤 잡고 아래채까지 가자니 멀고. 여러 날 번민을 쌓다가.

아침에 눈뜨자마자 호미 들고 밭으로 간다. 밭길을 뒤뚱뒤뚱 달려간다. 중간쯤에 호박과 수박 넝쿨 사이를 맨다. 풀을 움푹 뽑는다. 주변을 휘이 둘러보고, 허리춤 내리고 쭈그려 앉으니.

자아, 눈앞에 멀리 산들이 붕긋붕긋, 뒤편에 새들이 포륵포륵. 세상에 이런 뒷간이 또 있는가. 게다가 나중에 퍼고 말고 할 것도 없이 절로 거름이 될 테니 말이야.

그래서 궁궁이 한 가지 꿈을 가지게 되었다. 나중에 밭을 장만하리라. 그리고 한켠에 얼마큼 비워두리라. 곁에 호박잎이나 작물이 걸리적거려서는 곤란이거든. 그리고 풍기문란으로 몰리지 않으려면…… 그저 나직한 가리개를 쳐?

개똥이랑 거둬서 호박이랑 수박, 참외에 거름을 준다. 반 삽도 안 되지만 무럭무럭 자라길 빈다. 고추가 더러 흰 꽃을 달고 이랑에는 잔디같이 생긴 풀이 일제히 수르르르 돋고 있다. 숲가에 은은한 향기가 번져 오거든. 궁궁이 기웃거리다가 밤색 덩굴에서 두런두런 피어난 흰 꽃, 일변 누릇해진 것도 있고, 금은화 그 향기를 찾았어. 유월이라 저편에서 밤꽃 내음도 풍기기 시작이다.

궁궁이 처음에 시골 와서 논두렁에 뛰노는 개들 보고, 야 여긴 개들

낙원이구나 했더니. 봄 되자 다들 묶이고, 검돌 검순도 갇힌 신세야. 집 안에서라도 풀어놓았다간 골칫거린 게, 마당에 고춧가지를 부러뜨려, 닭을 쫓아다녀, 제멋대로 집밖으로 나가버리기 일쑤라. 그래서 평소에 가둬 두니 아예 그게 편하다 이거야.

모처럼 저수지 둑길에 개들이랑 나들이를 간다. 갇혀 지내던 응어리를 풀기라도 하는 양 걸떡걸떡 뛰어간다. 제법 커서 중개 정도 되었네. 전번에만 해도 궁궁이 맨앞에 뛰었는데 이제는 북실이 뒤에 꼴지가 되었다. 하긴 농사꾼이란 뛰지를 않아. 그저 다박다박 걸어서 해넘이까지 가더라니.

어디 갔지

옛날에 깊은 산골에 나무꾼이 살 적엔 선녀도 내려오고 했다더니 요즘은 어째 통 기척도 없는고. 혹시 사슴을 만나야 알게나 되련가? 궁궁이 이젠 나무도 아니 하니, 사슴도 선녀도 볼 길이 없구나.

절간에 박혀 있으니 그나마 마을 사람들 볼 일도 줄었지. 스님도 없고 신자가 올 일도 없어. 그저 한적한 절간 어귀에, 갑자기 나무 위에서 목탁소리 똑또르르르~ 불경 소리 우렁우렁~ 산새를 놀랜다. 지장경 테이프 돌아간다. 이 법문을 사바 세상에 보내노니 번뇌도 놓고 고생도 털으시요. 부디 극락 왕생하시요~.

궁궁이 한켠에서 법문에 귀를 기울이고 섰다. 중얼중얼 얼중얼중, 귀를 두드리는 소리가 대체 무슨 말인지 알아나 먹어야 말이지. 우두커니 섰다가, 경을 공부할 생각은 않고 엇길로 샌다. 애초에 샤머니즘에서 종교가 시작됐다던데 그게 어떤 사연으로 저리 되었을꼬? 자꾸 복잡해져. 세상도 복잡해지고 생활도 복잡해지고 생각도 복잡해지고……. 허면 무엇으로 중심을 삼아야 할거나.

궁궁이 하릴없이 아래채에 가니 비가 조르르 내리고, 향나무집 할배가 밭일 하다 들어선다. 역시 고생이며 번뇌며 짊어진 무게가 만만치 않거든. 궁궁이 측은한 눈길을 보내니, 할배가 고리눈 뜨고 야단을 친다. 한 방울씩 떨어지는 수도꼭지를 안 고치고 그대로 둔 것, 마당에 풀을 내버려 둔 것, 밭에다 비료도 안 주고 농사 짓다니! 대체…….

졸지에 허를 여러 방 찔린 궁궁이라. 딱히 읊을 경도 못 찾고 묵묵듣고만 있다. 아아~ 사바여, 역시 정토에 이를 길이 멀고 험하구나.

담장께에 닭집을 새로 짓고 있노라니 육학년이랑 일곱 살짜리 들어섰다가 한 말씀 하길, 이 아저씬 돈은 안 벌고 맨날 이런 짓이야~. 그러고 마당에 저 풀 좀 봐유~.

궁궁이 히유~ 한숨을 뿜고선, 절간에 경은 못 알아들어도 이 경은 알겠던지 고개를 까딱까딱하고선. 이제 마루에서 이야기 한 자루 들려준다. 옛날에 아주 잘 까먹는 사람이 있었거든. 하루는 담뱃대 쥐고 휘적휘적 길을 가는데 손이 뒤로 가니, 엇 담뱃대가 어디 갔지? 손이 앞으로 오니, 아 여깄구나, 어디 갔지, 아 여깄구나, 어디 갔지 여깄구나 그러면서 길을 가는데…….

피식 피식 웃던 아이들이 떠나고, 궁궁이 뚝딱거린 새 닭집이 완성됐어. 담장에 붙은 쬐그만 원두막, 지붕도 있긴 하다. 궁궁이 절간 가서 호미 들고 내려오니 마당에 작은 새가 파다닥! 아직 날지도 못하는 새끼새 한 마리가 떨어져 있거든. 어헛, 어쩌다 둥지에서 떨어졌나? 밀짚모자에 주워담고서, 둥지가 높으니 넣어주지도 못하고 방으로 들어서는데, 어렵쇼, 또 한 마리가 문지방에 포다닥. 어찌 된 거야? 처마 밑 새집에 두어 마리밖에 안 남았다.

한 마리를 간신히 둥지에 넣어주니, 어미새가 날아와 퍼더덕 퍼더덕 눈앞을 날아댄다. 새끼를 얼른 마루에 놓고 방으로 달아나서는 돌아보니, 어디로 갔지? 벌써 날아갔나? 그렇게 딱새의 비행이 시작되었것다.

이제 호미로 풀을 친다. 옆날로 치다가 뉘여서 팍팍 긁다가. 할배 말씀으론 "그놈의 풀약으로 하면 샥" 이랬지만. 그게 사람한테도 닭한테도 해롭지 하곤 미련스레 호미질이다.

비가 또 내리거든. 궁궁이 아궁이에 불을 때고선, 아래채에서 하룻밤 자기로 하고서. 방문 열고 비 내리는 마당을 본다. 아니, 닭도 제법이네. 아무 말도 안 했는데 원두막 새 집에 사이좋게 들앉았으니.

여기 반짝 저기 반짝

궁궁이 밭일 중에 밭에 가서 똥누기가 제일 일찍더라. 옥수수를 반 줌이나 더 심고 고구마 이랑에 북을 돋운다. 내친 김에 고추밭에 김을 맨다. 하얀 꽃 송송 피고, 사슴뿔 가지가 벌어지고 있어. 중간쯤에서 궁궁 눈이 번쩍하였으니, 손가락만큼이나 길다란 풋고추가 달렸거든. 낼름 따서 주머니에 넣고, 신이 나서 기슴을 맨다. 토마토도 호두알만큼이나 굵어졌어.

아래채에 가니 검둥이들 갑갑하다고 긁적대고 있다. 이놈들아 견딜 줄도 알아야 돼. 궁궁이 처마 밑 새둥지를 살피니 비었어. 어디로 갔는지 소식조차 없으니.

궁궁이 한숨 자고서 닭집 지붕 손 본다고 뚝딱뚝딱대다가, 저물녘에 절간으로 올라오니, 어귀에 작은 밭에 웬 중늙은이가 기슴을 매고 있어. 알고 보니 전기료 거두러 다니는 인데 보살님 부탁으로 들깨 심을 자리를 장만중이야. 그 솜씨가 만만치 않으니, 하긴 시골 사람 치고 궁궁보다 하수가 있겠어.

궁궁이 오늘은 술 안 먹지 했다가 산딸기술 하도 빨그란지라 꼴깍 한 잔 하고. 오줌누러 나갔다가 보니 밤하늘에 별들이 밝다. 근데 저쪽 산자락에 불빛이 하나 움직이고 있거든. 이 밤중에 누굴까, 무슨 일이 났나? 둘러보는데 어라, 아래쪽 고추밭에도 나타났다. 호르르 가다가 깜박 꺼졌다. 저만치서 또 반짝. 다른 건 안 보이고 불빛만 날아다녀.

저게 그럼 반딧불! 하늘엔 별이 널렸고, 여기저기 반딧불이 떴다. 이 밤에 등불 들고 누굴 찾아 가시는고?

밧줄을 내리소서

옛날 옛날에, 떡장수 할미가 고개 넘어 집으로 가는데 커다란 호랭이가 나와서, 떡 하나 주면 안 잡아 먹~지. 할미가 떡 하나 주고 고개를 넘으니 또 호랭이가 나와서 떡 하나 주면 안 잡아 먹~지. 고개 넘고 넘어 이제 떡 없다 하니까, 팔 하나 주면 안 잡아 먹~지. 팔도 주고, 또 다리도 주고 몸뚱이만 남아서 데굴데굴 굴러서 간다.

호랭이가 마저 꿀꺽하고선 집에까지 와서 기어이 나무를 타고 오른다. 어린 오누이가 나무 꼭대기로 오르니 더 이상 갈 데가 없어. 하늘에 빌었지. 굵은 밧줄을 내려주세요, 제발. 호랭이가 발치까지 온 참에 하늘에서 술술 밧줄이 내려왔어. 그걸 붙잡고 하늘로 올라가 해가 되고 달이 되었더라지.

사람들이 다들 도시로 몰려가서 큰 진을 치고 사니, 거기엔 호랑이가 얼씬 않더라. 하긴 이제 산골에도 호랑이가 씨가 말랐다는데. 궁궁이, 떡 팔러 가는지 뭘 팔러 가는지 서울로 갔더라. 북적거리는 인파에 밀리다가, 지하상가에 들앉은 사람들 보니, 침침하고 비좁은 곳에서 어떻게들 허구한 날을 보낼까 걱정을 한다.

아는 출판사엘 가니 작은 사무실에 책상을 끼고 고개들 꼬고 있어. 이번엔 성공시켜라, 아니면 또 빚만 불어나. 대체 어이해야 성공작이 터질꼬, 우거지상으로 한방 역전을 꿈꾸고 있으니.

허허 책이란 게 뭐야. 묵향을 피우는 꽃이라 한들 누구라서 그 향을 즐겨 찾으리. 수없이 피고 지는 먹꽃 중에서 우담바라 용설란이 몇이나 될까. 홍부 큰박 되라던 책들이 임자 못 찾아 창고에 재이고 쌓이니. 차라리 떡이라면 먹기나 하지, 돈 들여 먹칠해서 버려놓기 일쑤라. 아니래도 빚더민데 이 난국을 어이 헤쳐 나갈꼬. 해는 저물고 술을 부어가며 속을 달래 본다.

옛날에 도깨비 살던 시절엔 그 방망이 하나를 얻기가 소원이더니. 또, 비나이다 비나이다 알성급제 비나이다. 그저 우리도령 관직 차지가 소원이더니. 이제는 빌 거리가 더 생겨서, 비나이다 비나이다 사업성공 비나이다, 비나이다 비나이다 복권당첨 비나이다. 빌고 또 빈다. 가마솥에 콩 볶기가 따로 없어. 멀리나 튀어야 살아나 보련데, 볶는 놈 따로 튀는 놈 따로, 들들닥닥 애가 탄다.

하긴 그나마 빌 거리나 있건만. 궁궁은, 아이고 나는 무슨 소원 빌어나 볼꼬. 이제 술집에서 출판쟁이 몇이 앉아 술을 붓고 올리고 비운다. 오늘도 적자요 올해도 적자라. 참 궁궁도 궁궁하지만 세상살이가 궁궁눈에도 궁궁한지라. 궁궁이 큰소릴 친다. 세상이 뭐가 잘못돼도 한참 잘못 됐으니, 생고생 헛고생 하지 말고 보따리 싸서 떠나는 게 어떻소. 그러자 한쪽에서 시를 읊는다. 이제 이 나이에 가면 어딜 가고, 여기서 잘못 되면 얼마나 잘못 되겠느냐. 다 그럴 만한 사연으로 생겨난 현실이니, 그저 한 생을 스리슬슬 보내게 빌어나 보자.

나무 아래 호랭이는 자꾸 올라오네. 하늘이시여 굽어 살피소서. 온 가족이 매달릴 실한 밧줄을 내려주소서. 술에 젖어 이야기에 젖어 밤이 깊어간다.

궁궁이 혹 하나 떼어볼 요량으로 도시엘 갔다가 기껏 차비 가웃 긴져서 하릴없이 돌아오는 길에. 에고, 도시에 정말 호랑이보다 무서운 놈이 있구나. 내 발등에 불쯤이야 뜸질 정도로 칠레라~ 다시 땅 파먹는 동네로 기어든다.

새들이 우는 마음

새벽이 온다. 별들이 가물가물 숨으려니 먼 산이야 구름이야 부스스 행장을 차리고 문종이가 희끄름해 온다. 아래채에 자던 궁궁이 잠결에 뭔가 골골대는 소리를 듣고선, 개소리치고는 영 괴상한지라. 음냐 음냐, 저놈 또 병인가? 하였더니 그때 또, 고구요오~ 골고올~!

아니 저 망할 개가? 어째 지가 닭인 줄 알어? 허참 세상이 망쪼가 들었는가. 요상한지고 지고…… 꿈길을 가다가 하긴 닭이 있긴 있는지라. 눈을 반짝 열고선 후다닥 문구멍에 갖다 댄다. 조 앞에 마당에 꼭꼬가 있어. 멀뚱히 섰더니만 목을 주욱 뽑는다. 모가지를 비틀어대며 노래하니 그렁그렁 걸걸한 소리라. 그것 틔우기에 여러 달 걸렸구나. 궁궁 입이 헤벌쭉하다.

나무꾼 친구네가 왔구나. 함께 차 타고 나가더니 한참만에 왔다. 얼굴에 때 벗기고 광낸 걸 보니 온천에나 다녀왔는가. 함께 밭으로들 올라간다. 친구가, 생각보다 밭이 넓네, 하니 궁궁이 풋고추 좀 따 가라고 선심을 쓴다.

궁궁이 오늘도 아래채에서 자기로 하고선, 이번에도 꼭꼬가 새벽을 알릴지 그걸 기대로 삼고선 꿈나라를 그린다. 새들이 우는 소리도 가지가지라. 부엉이는 숲속에서 후 엉 부 엉 호젓이 울고, 산비둘긴 고옥곡 구국 청승스레 울고, 뻐꾸기는 워꾹 뻐꾹 아득히 울고, 어떤 새는 호르르르 깨꼬리종 해맑게 울고, 산새 중에 못된 새는 끼끼끼끼 비웃기가 능사요, 꿩은 꿱꽥 푸다다닥 놀래기가 선수라…….

문종이가 밝아오는데 어이그 허리야, 뒤척거리는 차에 꼭꾸요오~ 우렁찬 소리가 귀를 후린다. 거 목청 참 시원쿠나. 어떤 닭은 아주 방

정스레 울더니 저놈은 기품있게 우는구나. 꼬끼요오~ 아침마다 저리 우는 건 무슨 마음으로 우는 걸까?

비가 올 듯 말 듯 구름이 덮고 있는데 마을 방송이 나온다. 건너편 서편 마을엔 식수 탱크가 바닥나서 제한 급수를 하겠습니다~.

날이 꽤나 가물어도, 담장 밖에 접시꽃이 두르르 피었다. 어디선가 향기가 나는지라 궁궁이 두런거리다 보니 화단에 백합 두어 송이 피었구나. 코를 대고 그 내음 들이킨다.

이 꼬리가 니 꼬리냐

여름날이 간다. 절간에서 경도 틀고 불상도 보고 밤이면 별도 보건만, 잡겠다던 꼬리는 어찌 되었는고. 그게 저어기 도시에나 몰려 있는지 영 기척도 없는지라, 궁궁이 그저 지난 기억을 더듬고 파고 묻고 해 보는데 어디에 어떻게 숨었는지 당최 바람 같고 미꾸라지 같구나. 그저 날만 자박자박 간다. 이러다가 아홉 꼬리 아니라 한 꼬리도 못 잡는 게 아닐지…….

이제 잠은 주로 아래채에서 자니까, 살림살이가 위에 있으니 아침밥은 거르기 일쑤요, 낮에나 두어 번씩 오르내린다. 궁궁이 이제 꼭꼬가 자명종이다 턱 믿고선, 오늘도 꼬끼오~ 소리에 눈을 떴다. 어째 문이 훤한 게 나와 보니 해가 중천이라. 아니 글쎄 저놈이 지 맘대로 우는 건가?

느지막히 밥을 먹고 또 한숨 자고선 밭에 똥누러 간다. 풀도 좀 뽑고 옥수수에 북도 돋운다. 날이 꽤나 더운데, 바구니 들고서 절 뒤편으로 가. 거기에 나무를 타고 지붕을 딛고 서니 풋열매가 주렁주렁하다. 매실주를 담아야지~ 하고선. 오랠 것도 없이 한 바구니 땄구나. 아래채에 벽장에다 넣어두고선 소주를 사 와야지 했것다.

저녁 되니 서늘한데, 별이 초롱초롱하니 비는 아니올 모양이라. 밭에 작물이 마를까 걱정을 한다.

아침에 눈뜨고선 닭, 개 먼저 밥을 먹인 참인데, 담장 밖에서, 어유 감자가 참 굵네유~ 부녀회장 목소리라. 나가 보니 옆집 과수댁이 감자를 캐는데 과연 실하다. 어른 주먹만해. 부녀회장 말이, 절에 매실이 있다길래 가 봤더니 살구라유~ 한다.

절에 살구나무가 있던가? 궁궁이 고개를 갸우뚱하고선. 절간 가서 밥 먹고 누웠자니 뒤켠에서 육학년짜리 목소리가 들린다. 앵두? 나가 보는데 언니랑 앵두 따러 왔구나. 동생은 우물쭈물, 언니는 덤덤하게 앵두를 딴다. 그나저나 절간에 살구나무가 어디에 있다구? 둘러봐도 매실 딴 그 나무밖엔 달리 보여야 말이지.

부녀회장네 반질 아저씨, 오늘도 담뱃잎 따는 모양인데 지나다가 앵두 몇 알 따먹고선, 어느 걸 보고는 매실이라고 그러는겨? 궁궁이 뒤편에 그 나무를 가리키니, 그건 살구나무여~ 한다.

오잉? 저게 매실이 아니라 살구라구? 궁궁이 고개를 틀고선, 이걸 믿어야 하나? 그걸 전부터 매실이라고 찍었던 데는 사연이 있었지. 전번에 대형차 몰던 친구가 보고서는 매실이라고 하길래. 또 옆집 과수댁이 앞뜰에 있는 꽃을 매화라고 하길래. 제딴에 그 잎사귀 하나를 따다가 갖다 대 보니 같더라 이거야. 그런데 그게 살구나무라고라.

터줏대감 말을 이길 재간이 있나. 꼭 뭔가에 홀린 듯하여. 꼬리가 저어기 도시에만 있는 게 아니라 여기 이것도 꼭 꼬리만 같은지라……. 이게 과연 꼬리냐? 하고 물었것다. 자아 그럴작시면 소 뒷걸음치다 쥐잡기로, 이제 한 꼬리 잡는 것이냐? 궁궁 가슴이 두근두근 한참을 망연히 째리고 있다. 그러다가 고개를 떨구며, 글쎄 이건 꼬리라기보단 실수! 그렇게 봐야지~ 했으니. 그럼 대체 꼬리는 어찌 생겨먹었단 말인고?

여하튼 풋살구로 살구주 담는다는 얘기는 못 들은지라……. 이제 어떡한다? 아직 익지도 않은 살구가 한 바구니라. 그날이 지자제 선거일이라는데 그래서 여느 직장은 하루를 쉰다건만 이곳 직장은 달라. 다들 제 할일 하느라 놀지도 않아. 논다고 누가 일당 줘? 궁궁도 절간 앞밭, 마늘 뽑은 자리에 들깨를 뿌리고 갈퀴로 긁는다.

궁궁이 내려와서 한잠 자는데 마루에 꼬마들 소리가 잠을 깨운다. 삼방 산다는 아이까지 셋이 와서, 같이 놀자며 수첩에 전화번호도 적어주고……. 종이조각으로 수첩 만든다고 바쁘다.

삼방 아이는 집에 가고, 애들이랑 강아지들 데리고 둑으로 나들일 간다. 저수지 한쪽엔 사내애들이 물놀이하고 있어. 물이 제법이나 빠졌다. 애들이, 저수지 아래 웅덩이에 가서 물놀이 하자 하니. 거기서 개들도 물에 던져넣고 수영솜씨를 구경한다. 사내애들 내려와 수영을 하고. 저수지에는 군데군데 낚시꾼들이 있다.

같이 놀아만 줘도 좋은지, 두 꼬마가 궁궁한테 들꽃 한줌씩 건넨다. 꼬마들이 북실이를 물에 던져 넣으니, 북실이 허적허적 헤엄질 한다. 궁궁이 녀석을 들어 올리니 홀쭉한 몸매에 아직도 앞뒷발을 척척 놀리며 헤엄질이다. 궁궁이 하릴없이 개꼬리를 잡아 본다.

구름이 설레설레 끼어, 어쩌면 비 몇 모금 올 법도 한데 아직 별 기척이 없으니 망연히 하늘 보는 사람이 늘었구나.

시계를 벗고

재주 부리는 곰이 있었는데 조련사의 꼬리를 몰랐지. 그런데 조련사를 그렇게 조련하는 건 또 뭐야? 거기도 어딘가에 꼬리가 있지 않겠어. 만약에 세상에 그런 조련이 꼬리를 물고 있다면, 대체 그 원조 꼬리는 어디에 숨어 있나. 그게 아주 은밀하고 교묘해서, 좀체 밝히지가 않는구나.

하루는 궁궁이 별난 한 놈을 찍었으니. 사람들을 보면 늘 시간에 따라 움직여. 출근 시간이다, 식사 시간이다, 만날 시간이다, 잠잘 시간이다, 시간에 맞추어 살어. 또 시간이 돈이다 일초를 아껴라 그렇게 애달캐달하기도 하고. 자 그러니 시시때때로 시계한테 물어 보더라. 어찌 보면 시계의 지시대로 사는 것도 같아. 필시 시계, 거기에 무슨 비밀이 숨어 있겠다 하곤.

그래서 손목에 차던 시계를 수상타 괴상타 벗어 놓고선. 해를 봐서 예불 테이프를 틀고, 또 밭일을 간다. 헌데 늘 시계를 보고서, 아 점심 시간이구나 그랬는데, 이제 점심 시간이 됐는지 어쩐지 알 수가 없어. 어디 물어볼 사람도 없고, 미적미적 호미질을 하자니. 배가 꼬르록 소리를 지른다. 요놈아, 니가 뭘 안다고 그래! 하고선 해를 재어본다.

그렇게 호미질을 하다가 보니 어쩐지 해가 삐딱한지라. 앗차, 서너시나 되었을라. 지금 점심을 먹고서야 또 저녁밥은 언제 먹어? 그렇게 한 끼를 놓치고.

오늘은 농협 판매 차량이 와서 사료 사러 가니 사료가 없어. 부녀회장 짐 들어주느라 집까지 가니 찐 감자를 내놓는다. 그 집 담뱃잎 따는 날이라, 이장님도 있고 쪼그랑 아저씨며 나무꾼 아저씨도 품앗이를 한다. 강원도에서 잡아왔다는 올갱이를 파먹고 그러는 중에, 쪼그랑 아저씨가 한 말씀 하길, 올갱이나 잡으러 가여~.

궁궁이 사료도 사올 겸 따라가기로 하고선. 집에 와서 대충 준비를 해놓고 다시 점심을 얻어먹으러 갈지 말지. 글쎄 일도 안 거들고 밥까지 얻어먹자니 좀 뭣한지 미적대다가 하지만 오라는데 굳이 빼는 것도 그렇지.

일이 빨리 끝난 터라 쪼그랑 아저씨는 집에 가서는 전축을 쿵쿵 틀어놓고 한숨 잔다. 지난 봄에 옛집을 헐고 새로 양옥을 번듯 지었으니, 가슴 뿌듯하게 문명생활이다. 궁궁도 옆에서 한숨 자고는 세 시경에 경운기가 발진을 하는데, 옆집 아줌마, 이장댁 안주인 해설랑 경운기가 가득 찼고, 이번에는 올갱이 건지는 채까지 나섰다. 삼태기처럼 생긴 쇠망에다 길다란 막대가 달렸어.

강에서 올갱이가 제법이나 붙들려 나오는데, 궁궁은 막걸리 먹기에 더 열심이라. 강에다 대고, 쉬었다가 하라고 불러 쌓는데 나올 생각들을 않으니. 글쎄 올갱이 건지기가 그렇게나 신나는가?

올갱이며 조개며 다들 두어 되쯤이나 잡고설랑 쪼그랑 아저씨 인솔로 인근에 식당엘 갔으니. 곱창 한 판에다 막걸리도 먹고 다들 밥을 두 사발째 비벼 먹는데, 쪼그랑 아저씨 한 말씀. "밥은 공짜로 이렇게 준다고, 서울은 어디 그래?" 궁궁, 우적우적 밥 먹기에 바쁘다. 다들 맛있게 먹고서, 두어 줌 되던 궁궁 자루가 옆에서 보태준 걸로 묵직해졌어.

어떤 날은 하늘이 흐려서 해가 어디쯤 걸렸는지 알 수가 없으니. 궁궁이 시계에 묻지 않고 몸과 햇살에 맡기려 해도 뭔가 좀 허투른 것 같고 자꾸 시계가 떠오른다.

만물은 깜냥대로 흘러가건만 사람은 어째 좀 다르긴 달라. 어떤 이는 시간을 연구하기에 골몰하고 또 골몰했더란다. 시간을 쪼개고 쪼개고 또 쪼갰어. 그게 한없이 쪼개져. 그래서 한탄을 하길, 과거는 이미 지났다, 미래는 아직 오지 않았다, 우리는 칼날 같은 순간에 있다, 하더란다. 허허참, 어쩌다 그리 얄팍해졌을꼬. 이런 시구가 있더라.

나뭇잎은 떨어지고 흙이 되고 어느 봄날 진흙송이 꽃으로 올라 태고를 한몸에 분향하옵다.

여름 풍경

날이 더워선지 어쩐지 해가 중천이건만 뻗어 있는 궁궁. 하긴 잔다고 말릴 사람이나 있는가. 꼭꼬가 누굴 찾는지 소리 소리 질러대니, 귀를 막다가 일어나서 떨떠름 두리번거리다가.

이제 무슨 마음을 먹었는지 손을 걷어 붙이고. 무 껍질 벗겨 썰어 놓고, 빨래 몇 가지 해서 널고, 벽장 속에 풋살구는 거무튀튀 썩은지라 거름더미에 붓고. 그 와중에 한끼 간신히 때우고.

밭에 가니 고추가 주렁주렁 달렸는데, 몇 몇 큰놈은 벌레가 먹어서 해꼬롬하고, 잎사귀가 무슨 병인지 갈색점이 박히면서 말라버리는 놈도 있으니. 이러다간 붉은 고추 얼마나 거둘런고……. 또 어떤 놈은 밑둥이 꺾여서 드러누웠는데 글쎄 고추를 주렁주렁 달고선 그 모양이니……. 궁궁 가슴 한편이 쓰리다. 농사꾼들이 약을 칙칙 뿌리는 그 심사를 알겠구나.

안쪽에 보니 참외줄기가 죽죽 뻗어났는데 열매가 달렸구나! 벌써 대추만한 것도 있으니. 침을 꿀꺽 삼키고. 수박 덩굴에도 꽃이 더러 피었구나. 어떤 놈은 꽃 아래에 마치 애 밴 것처럼 구슬이 달렸어. 그걸 들여다본다. 희미하지만 조록조록 줄이 갔거든. 흐헤헤~ 과연 수박이로구나.

나무꾼 친구가 또 왔다. 올갱이를 보곤 반색을 하며 삶아 먹자고 하여. 행랑채에서 저녁 먹고선 올갱이를 삶아놓고 둘이서 파먹는다. 궁궁은 그걸 안주로 소주를 홀짝 홀짝. 그렇게 밤이 늦어가는데 세상살이 이야기하노니, 비가 내리는구나. 비가 마른 땅을 적시듯 산골 이야기도 졸졸 흐른다. 밤새 비가 내린다.

하루는 종일 비가 오락가락하더니 또 하루는 비가 억수로 쏟아진다. 궁궁이 아래채에 왔더니 마당이 금새 물이 흥건하고 드센 바람에 감나무 가지가 휘청휘청, 마루 넘어 방안까지 빗물이 들이친다. 번쩍! 하늘에서 번개창을 휘두르며, 우루룽 쾅쾅! 굴러대니. 궁궁이 바싹 웅크리고선, 이제 해갈은 되겠건만 금세 홍수 걱정이구나.

빗줄기 약해져 우산 들고 올라가니 길에 흙탕물이 우루루 흐르고 도랑물이 콸콸, 밭고랑마다 물살이 좔좔 헌다. 이웃밭에 막대 세우고 줄 두른 고추도 삐딱삐딱하다.

비오는 날 점심엔 삶은 감자도 좋구나. 친구는 빗길에도 나들이 가고, 그 사이에 절간 보살님이 돌아왔으니, 이제 절간 수행도 그만이구나. 궁궁이 밭이 어찌 되었나 올라가 본다.

옥수수도 더러 기울어지고 어떤 콩은 뽑혀 있기도 하고. 아뿔사, 키자란 고추들 죄다 쓰러지고 밑동이 똑 부러진 놈도 있고 말이야. 아까워라! 고추 밑동에 흙을 얹고 세우고…… 바삐바삐 움직인다. 임자 잘못 만난 고추들도 고생이라. 우산 끼고 호미질을 해댄다.

다시 빗줄기가 두두두두둑. 번쩍번쩍 번갯불 때린다. 아니 그래도 뿔뿔 기어? 하늘님, 저놈 한번 구워버릴깝쇼?

여기서 뭐 하시예

한 친구가 찾아왔다가, 무슨 세상 소식을 나누려 해도 통해야 말이지. 맨날 뭐 하고 지내? 세상 소식이라도 좀 듣고 살라고 라디오를 선물하고 갔어. 궁궁이 얼김에 생긴 라디오를 수상쩍게 들여다본다. 날이 있는 건 선물하는 게 아니라 했는데 이건 날이 없는가. 한쪽에 그냥 모셔놓았다.

며칠 나들이 가더니 저녁 무렵에야 도착한 궁궁이다. 다행히 식구들 무사하고. 여기도 비가 꽤 많이 왔다는 옆집 아줌마 말씀에 밭에 고추는 무사할지 그게 궁금하다.

칠월도 말경인데, 점심시간을 넘겨서 차 한 대가 찾아왔으니. 학교 선생 하는 친구가 왔는데 두 여성까지 동행이라. 다들 배낭 하나씩

들고서, 무슨 답산지 여행인지를 나선 길이라. 한 여성은 아직 젊은데 그으른 살결에 오동통한 몸매. 두 여자, 경상도 말씨가 천연스럽다.

집이 어언 여름 풍경이 되긴 되어서…… 갖고 온 수박도 쪼개고 막걸리도 따르고 마루에 둘러앉으니 집이 풍성하다. 이런 저런 이야기도 오가다가 어쩌다 보니 처자랑 궁궁 둘이 남았는데. 처자가 한 마디 묻기를, "여기서 뭐 하시예?" 궁궁이 칼질을 하고 있다가 문득, 내가 뭘 했더라? 아득한 안개 속을 뒤지자니, 그게 어디 한두 가지야. 밥하지 빨래하지 나무하지 김매지, 그런데 그런 거야 뻔한 건데 굳이 뭐 하느냐? 그럼 그게, 먹물깨나 먹었다면 시골에서 뭔가 다른 일을 하리라?

자, 무슨 답을 한답시고, 그러니까 그걸 무슨 농사라고 농사짓는다 그러지도 못하고, 또 뭘 안 한다 하지도 못하고. 그렇다고 여기서 아홉꼬리를 찾고 있소, 그래? 어물어물 답을 한다는 게 "그냥 좀 편하게 살려구요……." 이랬으니.

흐흐흐 이 답답아. 모르면 모르쇠로, 또 알아도 이럴 땐 모르쇠로, 그냥 먼산을 턱 보는 거야. 그러구 시익 쪼개는 거야. 어떤 진심은 그저 웃음에 담아야 되느니. 염화시중의 미소요, 소이부답이라.

자 아무튼 해가 뉘엿할 무렵, 차를 타고 올갱이 잡던 강변에 함께 갔으니. 텐트가 여럿 들어섰고 꼬마들이 올망똘망 밥을 먹기도 하고 또 일변 밥을 짓고도 있다. 한 낚시꾼이 작은 물고기를 한 움큼 쏟아

주고 간다. 친구가 후라이팬에 고기를 튀겨내고 그걸 안주로 하니 소주도 별미구나.

날이 어둑해져, 친구가 팬티 바람으로 개울에 들어가 물장난을 친다. 두 여성은 핀잔스레 말하면서 키득댄다. 궁궁은 그저 보릿자루라. 사람이 좀 능글능글할 줄도 알아야 어울리기나 하지. 셋이 강가에 자리 깔고 누워 노닥노닥 밤하늘에 별자리를 보기도 한다. 달 없는 그믐이라 산은 어둠에 묻히고 별은 초롱함을 더해가고……. 앗, 별똥이다! 친구는 동심으로 돌아가 별을 보며 물을 보며 깔깔깔 즐겁다.

집에 와서는 마루에서 또 술잔을 나누고 이런저런 이야기가 오간다. 학교에서도 골치 썩이는 일들이 적지가 않구나. 낭군님 알성급제를 빌어야 하는 사연도 있고, 또 다른 뭔가를 꿈꾸며 장래를 그리기도 하고……. 그런 사연 속에 여름밤이 깊어간다.

유달리 일찍 눈뜬 궁궁, 슬며시 나오니 건너편 산허리에 용틀임 안개가 감쳐 있고, 꼭꼬가 목청껏 울고 또 운다.

궁궁이 큰 냄비에다 밥을 한 게 기껐 물렁밥이라. 그래도 풋고추가 맛있다고 잘들 먹으니. 이제 밭구경 겸 풋고추 따러 가는 길이야. 옆집께를 지날 제, 발길에 밟히는 가느란 소리. "넓은 벌 동쪽 끝으로 옛이야기 지줄대는~" 궁궁이 가만히 듣자니 처잔데, 노래 솜씨는 그저 별로네~.

실개천이 회돌아 나가고
얼룩백이 황소가
해설피 금빛 게으른 울음을 우는 곳
그곳이 참하 꿈엔들 잊힐 리이야.

묵묵히 듣고 가다가, 아니 그런 정겨운 고향, 그런 시가 여기에 어울릴 리야? 여긴 그저 그런 사람들 살아가는, 보통 마을인데……. 대체 무슨 감정으로, 그런 향수를? 가느란 떨림 속에 노래가 흐른다.

질화로에 재가 식어지면

뷔인 밭에 밤바람 소리 말을 달리고
엷은 조름에 겨운 늙으신 아버지가
짚벼개를 돋아 고이시는 곳,
그곳이 참하 꿈엔들 잊힐 리이야.

하긴 황소야 있지만, 실개울, 하긴 그쯤도 없지야 않지만……. 궁궁이 한사코 아닌데, 아닌데 하고, 고개를 뉘엿 들어 본다. 어쩌면 이 처자는 보았는가, 내가 못 본 무엇을……? 묵묵히 걸음을 떼던 궁궁한테 문득 한 생각이 들기를, 선녀는 하늘에서 오는 게 아니구나. 이 지상에 이미 있었구나! 전생과 현생의 와중에서, 홀연히 구름안개가 걷힌다. 사슴만 탓하고 하늘만 본다고 되는 게 아니었어. 벌써 지상에 도착해 있었음에랴. 바로 그 처자가 선녀였어.

어째 이런 운수가! 살면서 기어이 선녀를 만나다니! 궁궁이 가슴이 뻐근했지. 그런데 문제가 생겼어. 이 처자가 선녀면 지상에 다른 여성들은 뭐냐 이거야. 자, 선녀는 어차피 선계에서 알지 못할 경로로 올지니, 그 장도야 다 비슷하다 하고. 아마도 그 마을에 아주머니들이 그렇듯이, 원래는 다 선녀로구나! 이렇게 통을 키운다.

흐흐, 이놈이 맨날 선녀 타령을 해쌓다가, 제딴엔 이걸 큰 깨달음으로 쳤으니. 하긴 깨달음이란 게 뭐야. 그저 들어도 알듯 말듯 하고, 아니다 부인해 봤자 그렇고, 시인해 보면 시원한 그런 것 아니야?

자 암튼 그래 놓고는 이제, 그럼 나는 뭐지? 하고는. 어쩌면,

선…………남? 그럴 적에 장난꾸러기 친구가 속이 영 안 좋다 하는 바람에, 미처 그걸 누설할 겨를도 없이, 걸음을 서둘러서 절채 뒷간으로 모셨는데. 그 통시간에서 이르길, 밭에는 안 가겠다 하여, 셋이서만 밭자락에 당도했구나.

밭을 바라보던 그 선녀가 "참 부자네요" 하거든. 늘 가난하던 궁궁이, 듣고 보니 그게 그냥 헛말이 아니야. 애써 가꾼 밭을 선녀들께 보이자니 가슴이 부듯헌지라. 풋고추를 또각또각 따넣어 주면서 기다란 밭을 구경시키고선.

절간에 오니 그 친구는 간 곳이 없네. 두리번거리다 보니 저기 평상 위에 한 고승이 낮잠을 즐기고 있구나. 그냥 둬도 좋으련만 인원수를 채우느라 속세로 끌고 나온디.

이제 떠날 준비들을 한다. 일변 장난끼로 노닥이면서 배낭을 꾸리는데 그때 그 처자, 눈물이 그렁그렁 하더니 기어이 뺨으로 주르르 흘러내린다.

떠나기가 그리도 아쉬운가? 궁궁이 지그시 입술을 깨문다. 처자가 하는 말이, 콘택트 렌즈가, 미처 식염수를 준비 못해서, 거기 담가 놓질 않아서 눈이 몹시 아파서…….

아무려나, 궁궁은 그게 이별에 으레 끼어드는 물기, 아쉬움의 징표라 삼더라.

남겨진 신발

그렇게 친구네가 다녀가면서 몇 가지를 남기고 간 게 있더라. 반짇고리에 모기향, 손전등이 생겼어. 그리고 궁궁이 마루에 나오다 보니 한쪽 구석에 못 보던 슬리퍼가 있거든. 그건 처자가 신던 것인데 어째 여기 남았을꼬.

궁궁이 반갑게 그 슬리퍼를 본다. 쾌활하고 아리따운 그 모습이 눈에 알른알른~ 살아나. 마치 돌아올 기약이나 하듯이 신발을 두고 갔구나. 그런 선녀가 이곳에 산다면 이 산골은 얼마나 풍성할까……. 그런데 신발 한쪽에 날카로운 이빨자국이 움푹하니, 이 어찌 된 사연이냐. 필시 선녀를 붙든다는 게 신발만 붙들었구나.

임자는 가고 없고 달랑 남은 신발이여. 임자 없이 산골에 남은 신세가 저나 똑 같어. 그러고 보니 이제 산골이 적막하구나. 다른 무엇이 다 있어도 돌아올 선녀가 없다면 어찌 낙원이겠어. 신발도 짝이 있고, 개 닭도 짝이 있는데 말이야.

그 전인들 어찌 외롭고 적막함을 몰랐을까만. 선녀가 노닐던 마당을 보니 영 허전하고 쓸쓸하다. 어이 해야 보리오. 날개라도 있으면 날아가 볼텐데. 그곳이 어디요. 아이고 집이라도 알아나 둘 걸. 이제 어디 가서 찾는단 말인가? 그 너르고 복잡한 도시에.

그렇게 애를 태우다가, 하긴 찾으려면 못 찾을 것도 없겠다. 그 친구가 있으니 말이야. 근데 설령 찾는다면 어째? 제 신세를 보니 그게 또 그렇거든. 뭐가 가진 게 있어, 내세울 게 있어. 게다가 나이는 또 마흔 문턱이라. 나이 차이가 십년도 더 되니…….

궁궁이 탄식을 한다. 에휴~ 이건 이룰 수 없는 사랑이 아니냐. 설령 그 처자를, 그 마음을 붙잡는다 하더라도 그 부모는 또 무슨 낯으로 대할 것이냐. 무슨 말로 설득을 할 것이냐. 아이고 그걸 넘고 넘기란 고봉하고도 가시밭길이려니. 일찌감치 단념을 하까~ 아니면 차라리 둘이서 야반도주를 해??

흐흐흐, 그래 그런 말이 있지. 남자들은 다 도둑이라는.

벽장 속에서

뙤약볕이 화롯불 같다. 한낮에는 마룻바닥이 구들처럼 뜨끈뜨끈한지라. 궁궁이 건너다보니 만물이 늘어졌건만 마을 사람들은 깻모도 다루고 잡일도 하면서 꼼지락거리니.

해가 넌짓 기운 무렵에, 그저 방에만 있는 것도 무료하여 들깨 심을 자리나 장만한다고 나선다. 쪼그랑 아저씨가 집앞 담배밭에 긴 호스를 붙들고 있는데, 옆집 과수댁이 지나다가 아무개네 담뱃잎에 벌레가 엄청 많더라 하니. 쪼그랑 아저씨가 더욱 쪼그랑하여 말하길, 담뱃잎이 색이 엷어지면서 쭈그르르 해지는 게 더러 보여. 그 속에 벌레가 들었지 뭐여. 아 글쎄 담뱃잎을 갉아먹는 벌레가 있다는 건 들도 보도 못했는데 말여……. 사뭇 심각한 표정이다.

담배밭에 일 갔다가 머리에까지 그 벌레가 수두룩했다는 과수댁, 그 앞머리에 하얀 게 하나 붙었으니. 궁궁이 손가락으로 그걸 떼다가 겁먹고는 파닥닥 떨쳐내니. 쪼그랑 아저씨, 그걸 엇다 털어! 불호령이다. 독하다는 담뱃잎이든 고추든 뭐든 닥치는대로 갉아 먹는 괴벌레가 출현이라. 그게 잎을 먹고선 나방이 되어 여기저기로 번지고 또 알을 까놓으니. 수확이 적더라도 서둘러 따야겠다고 영 써그렁한 표정이다.

궁궁네 밭에는 그 사이에도 변화가 있다. 참외가 성큼 자랐고 가지가 한 뼘 되는 열매를 달고, 키보다 큰 옥수숫대가 꼭지에 상모자락을 달아내고 옆구리에 두셋씩 알통을 키운다. 어떤 건 팔뚝만하고 끄트머리에 발그란 수염을 날리고 있어.

전번에 번개칠 때 전화기가 고장났는데, 그냥 그대로 지내다가. 아무래도 전화를 연결을 하긴 해야지 하곤. 또 다른 전화기를 어디다 뒀더라?

벽장 문 한쪽을 여니 거기에 있어. 비닐 봉지에서 사탕을 꺼내는데 옆에서 파르르르르 소리가 나거든. 어젯밤에 열 적에도 그 소리가 나더니 말이야. 웬 풀벌레가 예까지 들어왔나 하곤 왼쪽 문짝을 슥 당겨 여니. 검은 봉지 속에 울긋불긋 곧추선 것이 갈라진 혓바닥을 낼룽댄다. 궁궁 눈이 화등잔이 된 걸 그놈은 보았을까. 파르르르 봉지가 떤다. 두 눈이 마주쳤다. 아서라 말어라, 빳빳한 다리를 떼어 비틀비틀 뒷걸음친 궁궁. 멍하니 바라본다. 삘릴릴릴리이~ 니리리릴릴리이~ 아득히 피리소리가 들려온다.

비실비실 밖으로 나온 궁궁. 학~ 숨을 토하곤, 대체 어찌해서 이런 일이? 간밤에 벽장 구석에서 나던 소리도 바로 저놈이었구나. 오샤샥 소름을 친다. 어깨를 축 떨구고선 이렇게 묻는다. 대체 시골생활이란 뭔가?

여기서 지내면서 한 가지 작정이 있었으니. 시골을 새로 보리라. 숨쉬는 생명들과 어울리고 대화를 나누리라. 도시에 물든 눈을 바꾸어 시골생활의 좋은 점을 찾으리라 했다. 근데 이제 이 일을 어쩐댜? 공든 탑이 와르르 무너졌어. 이건 무슨 사탕발림도 안 된다 이거야. 아, 벽장 속에서 어째 이런 일이…… 옴짝달싹 못하고 주저앉았어.

마냥 그러고 있다가, 허나 어쩌랴. 당장에 집 두고 떠날 수도 없고. 긴소매 옷을 걸치고 장갑을 끼고 운동화를 조이고, 전쟁 가는 병사처럼 긴 대창을 들고서 들어간다. 멀찍이서 대창으로 봉지 손잡이를 꿴다. 뱀은 그저 낼룽거리고, 봉지를 엉기엉기 들어다가 마당에다 떨구니 비암이 스르르 기어서는 토마토 밑을 지나 담장쪽으로 간다. 길이가 한 발이나 되네. 꼭꼬가 멀뚱히 보다가 건드릴까 말까 주저주저 한다.

아무리 집에 사는 무슨 구렁이라 해도 너하곤 못살아, 제발 담장 밖으로 나가라 하는데 그놈이 이번엔 닭집 지붕 사이로 기어든다. 그러곤 기척이 없으니. 궁궁이 또 닭집 슬레이트를 들어내고 다시 장대로 걸어서 담장 밖으로 내몬다.

해거름에 담장 밖에 낯익은 얼굴이 보이거든. 나가 보니 향나무집 막내 아들이야. 궁궁이 반가워서 인사를 던진다. 여러 달 안 보이더니 오늘은 농사일깨나 거들었나 보구나.

마루에 앉아서 소주잔을 나누고 이야기가 오간다. 라면을 끓여내고 술병을 기울이다 보니 촛불 곁에 어둠이 컴컴 몰려든다. 청년이 아홉시가 넘어 반이나 되었다고 이제 집으로 가니.

궁궁 홀로 남아 또 그 생각이다. 벽장 속에 그것. 방마저 정나미가 없다. 대체 어디로 해서 들어갔나? 방에서 벽장으로 올라갈 수는 없지. 벽장문이 늘 닫혀 있으니까. 그럼 누가 일부러 집어넣었나? 하긴 벽장 안에서 보면 서까래가 그냥 보여. 중간 천장이 없거든. 지붕 밑을 다니다가 벽장으로 내려왔겠지.

암튼 이런 사건을 안다면 대체 어떤 처자가 시골에 오것는가. 아무리 씩씩한 선녀라 해도 말이야. 해서 이건 종내 비밀로 해야겠다!! 혼자 다짐을 한다. 근데 지 자신도 영 으시시한 게 잠이 와야지. 아, 누굴 탓해야 하나. 뱀만 아니었더라도 자랑거리가 쌨고, 또 멋진 낙원을 설계할 수가 있었는데…….

팔월의 수확

비가 좍좍 퍼붓더니, 궁궁네 마당이 흥당풍당 연못이 되었다. 궁궁이 부엌엘 들어서려니 웬 저수지가 생겼어. 아궁이가 수문이 되었으니.

세숫대야로 허겁지겁 물을 퍼낸다. 푸고 붓고 하는 중에도 뒤뜰에서 물이 연신 흘러들어 한참이나 푸고 또 푸고. 아이고 허리야~ 괭이로 막을 걸 세숫대야로 막다니.

빗방울이 듬성듬성해진 저녁나절에 앞쪽 밭에는 할배와 며느리가 나와서 고추밭을 돌보고 있다. 비가 이제 그칠 만도 한지라. 궁궁도 밭에 가 보려고 씻으려던 옷을 도로 입고선 나서니. 길이 움푹움푹 패여 있다.

장하구나 옥수수. 늠름하게 버텨 섰고 키도 쑥 자랐다. 고추는 더러 기울어진 게 많으니. 호미로 흙을 파 올려 쓱싹쓱싹 세우는데 빗줄기가 또 툭툭 떨어진다. 하늘을 보아 가며 손놀림이 바쁜데…… 빗줄기 점점 굵어져 옷 입은 채 빨래라.

참외 몇 알이 노오랗다. 굵기로는 열 개도 넘게 굵었으니, 아주 실한 놈을 하나 따고. 머리며 몸에 빗물을 줄줄 흘리며 건너편을 보니, 산자락이 희미하도록 쏟아지는 비. 흙탕물이 콸콸 흘러내린다.

하루 넘기니 구름 지나고 날이 개었다. 궁궁이 방에서 책을 뒤적거리고 있는데, 곡곡곡곡, 암탉 꼭꼬댁이 묘한 소리를 낸다. 마치 뒤라도 마려운듯 곡곡거리며 마당을 종종걸음 친다.

서게 왜 서러나? 내발 너머로 본다. 꼭꼬댁이 저편 담장과 광 사이에 허리 높이로 누운 장독 속으로 폴짝 뛰어든다. 그게 북실이 집으로 썼던 건데 북실이가 마루 밑으로 이사한 바람에 비어 있으니. 꼭꼬댁이 발길로 바닥에 흙을 몇 번 파고선 쪼그려앉는다. 평소에 안 하던 짓이라. 혹시 알을 낳으려는가? 꼭꼬가 마치 호위병인 양 장독 바깥에 오뚝 섰다.

궁궁이 마루에 나와서 그 꼴을 지켜보는데, 꼭꼬댁이 부스럭거리다가 나와선 다시 원두막에 가서 쪼그렸다. 뭐가 마뜩찮은지 다시 장독으로 들어간다. 밖을 보고 쪼그렸다가 돌아서서 쪼그렸다가, 발로 흙을 헤비작대다가……. 한참 만에 장독에서 내려오는 꼭꼬댁. 걸음이 히죽히죽 물그릇 앞에서 누엿누엿 물을 먹는다.

과연 알을 낳았나? 궁궁이 궁금해서 안달이다. 꼭꼬랑 꼭꼬댁이 나란히 뒷간으로 들어가니, 거기가 저네들 휴식처야. 이때다 하고 궁궁이 살금살금 장독엘 가 보니, 과연! 흙구덩이에 당그마니 놓인 것, 달걀치고는 너무 작은, 똥인지 뭔지가 묻어서 얼룩 진 알 하나. 손에 들어 보니 따끈하거든.

흐흐흐, 드디어 첫알을 낳았구려. 이 날을 얼마나 기다렸던고. 둥우리를 지어 주지도 않았건만 꼭꼬댁은 제법 어울리는 자리를 찾아서 훌륭히 산고를 치렀으니. 장하다! 궁궁 꼴까닥 침을 삼킨다. 이걸로 영양 보충을 해? 꼭꼬댁이 처음으로 낳은 알. 그걸 납죽 먹어 치우려니 좀 비정하다 하고. 도로 그 자리에 둔다.

두 번째 알은 언제 낳을지? 알이 모이면 과연 그걸 품을지? 첫 달걀을 보긴 했지만 대가도 톡톡히 치렀다. 마당에 열두 그루 고추는 닭한테 치이고 뜯겨 앙상하다. 고추를 주렁주렁 단 가지가 떨어져 누웠다.

팔월도 중순이라 더위가 기승이다. 궁궁이 수시로 장독을 들여다보건만 하루가 지나도록 한 알 달랑 외롭다. 한낮에 햇살이 마루 깊숙이 들고 매미 소리 시끄러이 들려오는데 개들은 이때가 오히려 한밤인양 늘어졌고 닭은 뒷간에 들었다.

이때쯤에는 어째 이리 할 일이 없는고. 더운 햇살에 나다닐 것도 못 되고, 건전지가 닳은 라디오도 쉬어야 하고, 딱히 누구한테 전화 걸 일도 없고, 책을 붙들고 싶지도 않다면……. 일찌감치 한잠 자고

났으니 더군다나 무료한지라. 어디로 가볼까? 궁궁이 좀이 쑤신다.

그래 이럴 때쯤엔 낚싯대라도 드리우면 어울릴 것도 같건만…….

밀짚모자 쓰고 밭으로 올라간다. 고구마 밭에는 줄기가 사방으로 뻗쳐나가 발디딜 틈조차 없어졌다. 근데 밭둑 아래서 벋어온 풀줄기, 마구 질러나가고 어찌 이리 자랐는가? 둑 옆에 심은 여남은 고추는 아예 풀에 묻혀 버렸다.

풀을 으르릉 째리다가 기어이 한바탕 싸움질이다. 가지도 자주빛 꽃을 피웠고, 팔뚝만한 열매를 달아냈구나. 딸까 말까, 가지 요리를 어떻게 한다지? 그냥 지나간다. 참외 잎이 벌써 시들고 있어. 바께스에 토마토 한 알, 참외 여러 개 담았으니, 팔을 바꾸어 가며 낑낑 들고 온다.

그 사이에 장독 안에 알이 하나 늘었구나. 이틀에 한 알씩 낳을 셈인가? 그런데 꼭꼬가 장독 안을 기웃거리다가 콕콕 알을 쪼거든. 이게 웬일? 알을 품어주지는 못할망정 깨먹으러 들어? 궁궁이 잔돌을 던지며 위협을 한다.

알은 늘었건만 다른 건 줄었으니, 쌀은 똑, 술 찔끔, 담배 탈탈, 사료 땡. 하지만 감자 몇 알에 밀가루 한 냄비에 굵은 참외도 있으니 당장 굶지는 않겠구나.

마음과 물정

팔월에 무슨 장마가 들었는지 줄기차게 쏟는 비에 처마 밑에 개들 쭈그렁 눈망울로 쪼그리고 있다. 궁궁은 궁궁대로 빗소리에 잠을 깨고 부엌에 물 퍼내기로 소일이다. 퍼내고 보면 다시 차 있고……. 푸고 또 푸고.

여러 날 갇혀 지내더니 고개 들어, 하늘에 이처럼 많은 물이 들었던가, 혀를 내두른다. 저녁 무렵에 비 그치고 헤실헤실한 먹구름이 낮게 휘휘 가는데 멀리 흰구름 떠 있고 파란 하늘 한 자락 나타났으니 아이고 반갑다 하고. 폭우에다 태풍소식 듣느라 라디오를 수시로 켜니 건전지가 닳아서 소리가 금방 희미하다. 꺼뒀다가 다시 켜면 처음엔 꽤 낭랑한 소리가 나는지라. 기다렸다가 또 켜서 잠깐 듣는다.

비 때문에 곳곳에서 난리라는 소식을 듣고, 궁궁이 흠흠, 부엌에 물 퍼내는 따위는 그리 큰일도 아니구나~ 위안을 삼고. 그러다가 그 눈이 샐쭉 해서는, 그래, 오는 김에 왕창 내려라. 저기 시중에 썩은 것들을 쏴악 쓸어버리고, 저 오만한 문명을 납작하게 만들어 버려! 악담을 하니. 허어 이놈 심보가 보통이 아닐세. 그런 독한 심보가 어디서 왔을꼬. 세상에 무슨 원한을 품었는가, 아니면 저 문명에 항거하라는 무슨 밀명이라도 받았는가?

어떤 이는 세상 사람을 다 불쌍히 여겨 그 아픈 곳을 어루만지고 지친 마음을 위로하기를 업으로 삼더니. 어떤 이는 사람이 다 사람이냐, 깔고 뭉개서 아예 신발에 깔창쯤으로 삼는데, 센 놈한텐 굽신굽신하면서 지들끼리 제왕 행세를 하니. 하긴 악한 놈이라고 나 깔려만 살아. 더러는 그 속 깊은 곳에 날을 세워서 저놈들 사그리 쓸어버릴 그날을 빌고도 있으니. 에고 세상이 어째 이리 험악한고.

얼마 전에 그 처자가 왔을 적에 덕분에 궁궁이 한 눈을 떠서, 세상 사람이 원래는 다 선녀요 선남이구나 했더라. 그런데 원래는 원래고 지금은 지금이라. 세상 형편이 이토록 찢기고 갈라진 건 어이해서 그런가. 대관절 무엇이 들어서 그런가. 이게 또 오랜 숙제여서 궁궁을 헷갈리게 하노니. 어떤 이는 마음이 세상을 짓는다, 세상사 마음먹기에 달렸으니 마음 고쳐 먹어라 하고. 어떤 이는 세상 물정이 문제다. 마음이란 물정 따라 움직이는 것이니 세상 물정을 바꾸라 한다. 왈가왈부 이렇다 저렇다, 죽일 놈 살릴 놈 싸가지 없는 놈 해서, 고함에 책자에 연구에 반론에 그것만도 한 창고가 넘는구나. 이 말 들으면 이것도 같고 저 말 들으면 저것도 같으니. 아이고 헷갈려라, 어느쯤에나 그걸 번쩍 깨칠까. 저승문은 예고 없이 열리거니 이래서야 무슨 소식을 안고 돌아나 갈 거나.

자 그 마음이 그러하면 어디 한번 딱 때려나 볼 일이라. 산다는 건 일면으로 내공을 벗함이 아니런가. 물정도 오래고 마음도 오래여서 늘 함께 놀았으니 그 흐드러진 버무림이 생명세상 아니던가. 사막에 선인장이요 일심에 꽃대궐이라. 물정을 바꾸라는 것도 마음이요, 마음을 바꾸라는 것도 물정이니. 원래는 물정과 마음이 하나였다 한다. 그러던 것이 이렇게 뒤죽박죽 됨에는 필시 사연이 있으리라. 그 사연을 어이 다 새기리오. 어느 날 하나에서 둘이요, 너댓하고 아홉이요, 결국 오만 갈래다. 그 갈라짐이 어떠한가. 붙어도 붙지 않고 갈라도 갈라지지 않음이여.

어두워지면서 별 초롱초롱하고 바람이 휭휭 불어댄다. 태풍이 오려는가. 과연 라디오에서 전해준대로가 아닌가. 혹시나 지붕이 날아가지나 않을까 궁궁이 걱정을 해 둔다.

다음날을 무사히 맞았으니 옥수수를 삶아서 점심을 하곤, 건빵을 먹으면서 신문을 본다. 나들이 때 주워온, 날짜 지난 신문. 거기에도 조각조각 세상 소식이 들었구나.

모처럼 햇살이 쬐니 등산화 신고 밭으로 간다. 무성한 풀. 비탈에서 올라온 덩굴이 온데로 번졌거든. 특히나 잎이 별 모양을 한 놈은 줄기에 까칠까칠 털이 돋아 잘 달라붙는데다 작물을 뱅뱅 휘감고 다니니 떼어내기가 쉽지 않아. 궁궁이 그 이름을 찾기엔 하세월인데 이름하여 한삼덩굴. 풀이 해롭기만 한 게 아니어서 폭우가 몰아닥칠 때엔 서로 보호도 한다. 그렇다고 풀에 치여서 고추낢게 고추가 서넛밖에 달리지 않는다면 이게 농사가 되느냔 말이야.

옥수수가 여물었으니 여남은 개 거두고, 참외에다 수박도 한 덩이 땄구나. 자그만 수박, 장에 가면 일이천 원 할까. 궁궁은 그게 보물단지다. 한쪽에는 호박이 누렇게 익어가고 있어.

모처럼 어스름 녘에 개들 풀어서 나들이 한다. 여러 날 묶여 있다가 풀리니 겅중겅중 날뛴다. 개를 기쁘게 하는 방법은 저렇게 간단하구나.

용궁 소식

저수지 가에 밀짚모자 쓰고 앉아 낚싯대 드리웠다. 잔잔한 수면에 잔물결 간들간들 밀려온다.

궁궁이 낚싯대 들고 앉았으니 저기 물 속에도 산이 박혔구나, 구름이 깔렸구나. 눈앞에도 청산이요, 물속에도 청산이라. 산수 간에 홀로 풍류객이 되었다. 찌가 쑥 솟는다. 얼른 대를 채니 푸두둑 요동을 치다가 버르르르 돌다가 물 밖으로 올라온 붕어. 손바닥만한 붕어 한 수에 희희낙락이다.

고기를 꿰랴 경치를 꿰랴. 그렇게 한가히 앉았으니 세상이 아득하다. 구름은 흘러 흘러 어디로 가고, 냇물은 흘러 흘러 어디로 가나. 가고 또 가면 만나리라. 짭조름한 소금내, 철썩이는 파도를. 갈매기 함께 노래하려네 춤추려네. 어느 산골 저수지는 이리 조용코 잔물결 더없이 부드러워라. 한줄기 골바람에 물살이 소름친다.

궁궁이 몇 번 자리를 옮겼다가 점심 때를 훌쩍 넘겨서야 내려오는데 달랑 두 마리 건졌구나. 그래도 의기양양하다. 요리하긴 벅찬지라 에라, 개나 삶아 먹이자 하고. 그렇게 양식도 보태고 뜨거운 세월도 흘렀으니 낚싯대가 공신이다.

오늘은 마루에 팔베개 하고 누웠다. 장마 구름 걷히니 푸른 하늘은 구름 전시장이라. 구름은 한가롭고 하늘은 높아. 그렇게 구경만 해도 마음이 푸르구나.

꼭꼬댁이 장독에 들어가서 쪼그리고 꼭꼬가 바깥에서 호위를 섰다. 한참 걸리더니 궁궁이 독 안을 살펴보니 알은 아홉 알 그대로야. 어찌 된 건가, 벌써 알 품기를 시작한 건가? 그런데 하루에 한 번, 한 시간 정도 품어서 그게 되련가? 궁궁이 고개를 꼰다. 그렇다고 지가 대신 품겠다 할 수도 없으니.

낮잠을 자고 난 궁궁이 맥을 놓고 앉았어. 낯색이 영 파리한 게, 눈살을 찌푸리며 몽롱한 꿈자락을 더듬고 있어. 친척 형이랑 둘이서 바다 밑을 걷는다. 물 속에 길다란 방벽이 있고 그 아래로 가며 벽을 유심히 살핀다. 너머로 모래가 넘실한데, 한 뼘 두께도 안 되는 시멘트 벽이 누렇게 삭고 자갈이 우둘두둘 드러났다. 손으로 만져 본다. 이렇게 낡아서야 언제까지 버틸지…… 암울한 심정인데, 고개 드니 키 큰 형은 저 멀리 가고 있다.

어릴 적 고향 바다, 그 물밑이 생생하게 나타난 거야. 그런데 허황하기는 턱없이 허황한 게, 물 속을 맨땅처럼 다니고. 게다가 난데없이 그 방벽은 뭐야. 수질이 오염됐다고 헤엄도 못 치게 한 지 오랜데. 어릴 적에 백사장 모래가 자꾸 물살에 쓸려나간다, 그래서 트럭으로 모래를 자꾸 부어야 한다, 그런 이야기를 듣긴 했지만…… 지금 이 산골에 불쑥 나타나 이토록 가슴을 저리게 하니. 온몸이 풍랑에 삼켜진 것만 같으니. 대체 무슨 일이 있길래 이런 꿈일꼬. 마치 저 밑에 용궁에서 전해온 소식만 같아서.

궁궁이 이래저래 속이 갑갑하고 뱃속도 불량이라. 해가 채 떨어지기 전에, 저수지엘 간다. 오늘도 붕어 몇 마리 건지려나. 위쪽에 호젓한 기슭에 자리잡으니 물결이 알른알른거린다. 물 속을 못 보긴 제 속을 못 보는 거나 같네. 아무도 안 보이는 곳에서 얄랑대는 물결을 바라본다.

날이 저무니 찌마저 분간이 안 된다. 싸늘한 기운이 골짜기를 내려온다. 밤새가 오호—오 외로운 전설을 보낸다. 배를 꾹꾹 눌러 보다가 고개를 드니, 저기 또 저기 홀로 별이 돋는다. 낚싯대 거두어 홀로 간다.

팔려가는 당나귀

큰개집 어른이 와서는 또 사과밭에 약 쳐야 하는데 거들어 달라 하니, 궁궁이 어정쩡하게, 날씨가 어떨까요 한다. 그건 걱정 말어, 달랑 딸려간다.

하긴 일없이 종일 집에 박혀 있기도 예삿일이 아니라. 땀좀 흘리고 돈도 벌자 하고. 경운기에 석 섬들이 물통이 오르고 그 곁에 실려서 털털털털 언덕길을 오른다. 그런데 이상한 게, 그 집에 느긋한 아들 있건만 어이 남을 불러 돈을 쓸꼬. 돈이 남아 돌아? 아니면, 아들아 넌 약 치는 덴 얼씬도 말어! 그거 아주 독한겨~. 궁궁 고개를 갸웃댄다. 음 그러고 보니 제 신세가 한심한지라. 그럼 난 이게 뭐냐? 팔려가는 당나귀냐. 털털털털.

그 노인네, 당나귀 실어다 놓고선 냇물에 호스 박아 물통에 퍼올리고 서너 가지 농약을 타고선, 휘휘 젓다가. 이렇게 저어!

이제 분사기 들고 좌아 뿌려댄다. 당나귀는 뒤편에서 호스줄을 끌어대고 이동할 땐 당겨도 준다. 전번에 해본 터라 그럭저럭 하는데 저만치 섰다가 바람에 물안개 날리니 놀래서 요리 덤벙 저리 덤벙 날뛴다.

백 발이나 되는 호스줄을 당기랴 엉기랴 낑낑대는데 그 일만이 아니다. 가끔씩 분무가 신통찮으니 영감이 경운기 쪽으로 가면서 궁궁한테 분사기를 맡긴다. 쭈그렁 상으로 들고 쏘는데 휘익 바람에 물가루가 날아든다. 분사기에 매여 날뛰지도 못하여. 어이그 웬쑤야, 돈이 웬쑤야. 오만상을 찌푸린다. 돈 좀 벌자니 싫은 거 해로운 거 가리지도 못하고 이리 매이게 되니. 아이고 가난이 웬쑤야.

궁궁이 물통을 휘젓다가, 이쯤이야 자꾸 하다 보면 제법 잘할 수 있겠다 하고. 농약물을 열심히 휘젓는 것이 사과나무 병을 막는 데 도움이 되겠다. 그런데 그게 사과 먹는 사람한테도 좋은가? 땅이나 물에는 해롭다 했는데? 요런 시큼한 생각을 하다가 기어이 한 가지 작심을 하였으니. 설령 고된 일을 하더라도 마음에 걸림이 없어야지, 이건 아니다. 단지 잘할 수 있는 일보단 천성에 맞는 일을 찾아야겠다 이거야. 마침 산신령이 듣고선 허허 기특토다 궁궁아 했더라. 그런데 뜻은 좋아도 그걸 이루자면 특별 신공이 있어야 할텐데. 광량한 천지간에 여의주를 구하기가 실로 아홉고개를 넘어야 할 험난한 길인 걸 모르고 있지.

사람이 댓 명 들어설 물통을 세 번이나 비울 즈음에 다짐을 한다. 농약 일은 이제 안 오리라! 너른 사과밭에 약 치기가 끝났다. 흐유~ 한숨을 쉬는데 또 물통에 약을 풀거든. 이게 웬 일이냐? 인삼밭에 탄저병 약 좀 쳐야 혀.

좀 일찍 일당 했나 하다가 날이 어스무레해서야 일이 끝나니, 집에 와서 물 끼얹고 목욕을 한다. 하루 종일 붙들려 지내자니 고역에 지루에 빨랫감만 늘었구나. 그 멍에를 벗으니 아이고 홀가분하여라, 이제 살겠구나. 이제 그 집 일에는 안 가리라! 미리 핑계거리를 대본다.

요즘은 제 할 일이 바빠서 못 가겠습다~.

길 잃은 나그네

밤중에 비가 주룩주룩 내리더니 아침나절에도 가랑비가 내린다. 개밥그릇에 빗물이 그득하다.

쌀이 떨어져서 먼젓번에 선녀 일행이 두고 간 삼계탕용 찹쌀을 꺼낸다. 보리쌀을 섞어서 아침밥을 한다. 담배도 떨어져 꽁초를 뒤적이다가 결국 우산 들고 가게로 내려간다. 소주랑 오징어도 샀으니. 비 오고 눅눅한 날에 소주에 오징어 뜯고, 거기다 건빵까지 한 봉지 비우고선.

비가 그친지라 궁궁이 개들 데리고 아랫길로 해서 한 바퀴 하다가 보살님을 만났는데 머리에 봇짐을 이었다. 그걸 들어드리자니 보살님이 한 말씀 하길, “묵은 쌀 줄테니 개라도 삶아 줄 테여?”

사료값 벌겠구나. 그래서 봇짐이 집으로 왔거든. 풀어보니 십 킬로짜리 쌀포대라. 햇수로 삼년 전이긴 한데 급한대로 지가 먹어도 되겠으니.

절에 올라가 기름 보일러를 손본다. 기름이 새는 바람에 오래 켜지 않았다는데 별 탈 없이 작동이 되니. 또 비가 부슬부슬 내리고 절간 마루에 보살님이랑 나란히 앉았다. 한자 책을 펴서 함께 본다. 나이 지긋한 보살님이 한자를 좀 알아야겠다고 하여 그걸 함께 보긴 보는데. 꼬부랑하고 비죽배죽한 글자가 줄줄이 이어졌으니, 그걸 어찌 해야 전할꼬. 몇 자 붙들고 끙얼끙얼할 때 절간 어귀에 우산이 몇 개 들어선다. 꼬마들 셋이 나타나서는 아저씨를 찾아 왔다니. 그래서 풀려난 궁궁, 애들과 집으로 내려오니 뭐 달리 놀이거리가 있는가? 옛이야기 한 자루 해준다.

오늘도 밥해 주겠다고 나서는 꼬마 아가씨 둘. 도중에 사내꼬마는 제 엄마가 데려가고, 아무튼 오늘 생긴 쌀로 밥을 지었으니. 궁궁이라면 스프와 된장으로 슥삭 국을 끓여냈다. 꼬마들도 맛있다 하고 궁궁도 맛있게 먹는데 배가 어지간히 부르자 밥에서 군내가 난다.

이제 밤에는 날이 싸늘한지라 문을 닫았어. 아침 일찍 산책길에 낙엽송 가지 몇 안고 온다. 자욱하던 안개가 걷히면서 날도 개이는지라. 여러 날 담가 두었던 빨래가 목욕재계하고서 줄에 널렸다.

아직 축축한 밭자락. 하나 남았던 수박이 구멍이 나고 상해 버렸어. 빨개진 고추도 더러 보이긴 한데 벌레 먹고 짓무른 게 대부분이

라. 글쎄 풋고추는 웬만큼 성하건만, 빨개지도록 기다렸다간 남는 게 있을런지…….

풀 뽑으랴, 고추 세우랴 바쁜 터에 그놈 덩굴풀, 한삼덩굴 그놈이 정말 성가시거든. 줄기에 센 털이 따끔따끔 찌르기도 하고. 그걸 떼내다가 고추 줄기를 끊어먹었으니……. 어디 맛좀 봐라. 밑줄기를 당겨서 호미로 팍팍 치고 자르고. 이마에 땀을 뺀다. 그 다툼 중에 팔뚱이 긁혀 피가 맺혔으니. 이놈이 쪼르르 내려가더니, 낫을 들고 왔다. 어디 니가 이기나, 내가 이기나! 친다 무찌른다 밟는다.

밭자락에 앉아 땀을 닦고 있자니, 풀비린내 물씬하다. 곳곳에 풀더미가 쌓였다. 한때는 이게 아니었건만. 정답고 반가워서 대화를 나누던 때가 있었더니. 그게 이리 되었는고……. 풀이랑 죽기 살기로 싸우는 할배를 따라가고 있거든. 어허라, 대체 농사가 뭐더냐. 자연 속에서 생명을 키우는 것? 하늘과 땅을 받들어 순박하게 땀흘리는 것? 옛부터 천하지대본이라 하더니, 그마저 이렇구나. 풀을 적으로 삼는구나. 헌데 농사가 아니면 대체 뭘로 먹고나 살란 말이뇨. 어참, 살자니 고행이요, 죽자니 명줄이라. 궁궁이 기어이 이렇게 물었것다. 대체 사람이 산다는 건 뭐냐? 햇살은 후끈거리고 그저 세상이 아드윽한지라. 길 잃은 나그네 풀밭에 주저앉아 땀을 훔치네.

고구마 이랑은 무성한 잎이 무릎을 덮는다. 더러 솟아난 풀을 뽑다 보니 해가 서산에 기울고……. 나오는 길에 못자리 풀도 좀 뜯어본다. 길다란 줄기에 작은 꽃도 피었구나. 이제 벌초가 얼마 남지 않았으니 너네들은 각오하라.

어스름해서 내려서는데 그나마 수확한 게 여럿이다. 호박 두 덩이, 팔뚝만한 가지 여럿, 옥수수도 여럿에다, 토마토, 참외도 있다.

어둑한 마루에서 촛불 아래 쌀을 가린다고 고개를 박는다. 촛불이 일렁일렁 배가 쪼로로록. 주황색 조각달 희부염 떠 있다.

멋진 실험

서투른 낫질로 밭자락에 묘를 단장한다. 손으로는 잘 뜯기지 않는 풀. 낫으로 당기니 으썩으썩 나간다. 야금야금 베고 삭삭 베다가 어물어물 낫날을 다시 본다. 몇 번 손을 베기도 했건만 장갑을 꼈기에 망정이라. 두 군데를 깎느라 이틀을 보내고.

오늘은 집 임자인 친구, 목동이 와서는 고향에 벌초하러 간다고 궁궁도 함께 나섰다. 승용차가 고불고불 고갯길을 오르고 올라 널찍한 들이며 마을이 펼쳐지니 저기가 문경땅이라. 궁궁이 가슴 속에 그리움을 품고선, 저 길따라 가노라면 어디메쯤에…… 선녀가 있으련만.

거기 벌초엔 예초기란 최신 장비가 동원되었으니. 묵은 산자락에 잡초가 무성도 하여, 한삼덩굴에다 억센 풀이 허리께를 뒤덮고 있어.

한참을 헤매서야 무덤을 찾아냈다. 예초기가 위력을 발휘해서 풀덤불을 드르르륵 자른다 눕혀낸다.

그렇게 두어 군데 벌초를 마치고서 목동이 궁궁더러, 예초기 하나 장만하라 이르니, 글쎄, 낫질도 아직 서투른 놈이 예초기를? 어디 그렇게 싸워야 할 풀이나 있어?

인근에서 밥 한끼 푸짐히 먹고서, 목동이 얻어준 뼈며 찌꺼기를 한 보따리 가져 왔으니. 끓여서 개들한테 준다. 검돌 검순, 먼저 삼키기 경쟁하듯 어적어적.

목동이 그 집을 등기한다고 또 따라나섰다. 삼개월 걸려 구비됐다는 서류가 봉투에 두툼하다. 면사무소 담당자가 고개를 갸웃대며, 왜 굳이 낡은 집을 등기를 하려는지……. 이것 저것 걸리는 것도 많다. 궁궁은 지친 몰골로 바깥에 나가 앉았다.

저녁 무렵이라 이제 목동이 궁궁한테 몇 마디 묻기를, 하나는, 어떤 식으로 생계를 꾸려갈 거냐? 궁궁, 우물우물 그저 지 생각을 들먹이는 게, 자급을 늘리고, 돈벌이를 줄이는 방향이란다. 흐흐, 그거 참 재미있겠다. 자유며 기쁨이며 보물이 많겠는걸. 또 한 가지 질문은, 친구들과 돈을 모아 집을 새로 짓고, 여기를 휴양지 삼아 시골생활도 맛보고 하는 그런 곳으로 하려는데, 여기서 그런 일을 거들면 어떻겠느냐. 목동이 대답을 기다린다. 궁궁이 뜸을 들이다가, 머뭇거리며 주절대길, 그런 것보다는 생활공동체 쪽을 찾아보고 싶다. 또, 고향 가까운 곳이 어떨까 싶어……. 목동이 한 마디 하기를. 너는 살아가는 걸 너무 실험적으로 하는 게 아니냐? 그 말에 꿀 먹은 벙어리가 됐구나.

친구가 떠나고 나서, 궁궁이 몇 가지 장을 봐서 돌아왔는데 방에 누웠자니 친구의 말이 귓가에 걸렸다. 너무 실험적이다? 그게 정말인가 아닌가. 뭔가를 찾아내고 새로 이루려는 실험? 세상엔 그런 실험을 하는 사람들이 있지. 그렇다고 그게 칭찬하는 말 같지도 않으니, 뭐라고 응수도 못하고 말이야.

그래 실험이 맞긴 맞나 보다. 그런데 그 실험은 아직 딱히 이룬 게 없네그려. 문명의 꼬리, 어쩌면 아홉이나 되는 꼬리를 잡자던 것도 마냥 진척이 없고. 뭔놈의 꼬리가 미꾸라지 같기도 하고, 안개 같기도 하니……. 이러다 하릴없는 방황으로 끝나는 건 아닐지……. 에휴.

하지만 저기 도시생활, 문명의 미로를 오가면서 거기에 안주하는 경향, 그게 대부분을 차지하고 있는 게 오히려 문제가 아닐지. 어쩌면 문명 자체가 실험적인 게 아닌가? 그래서 수많은 사람들을 모으고 조련해서 색다른 신세계 실험을 하는 게 아닐까? 오히려 그렇겠다. 그게 그렇다면! 왜, 사람이 문명을 실험해 보지 못할 것인가. 왜, 저 문명을 멀찍이서 이모저모 살펴보면서 삶의 아랫자리에 두어서는 안 될 것인가.

이렇게 간 큰 생각을 굴리고 자빠졌으니. 허어, 그럴작시면 이러나 저러나 세상은 실험이네그려.

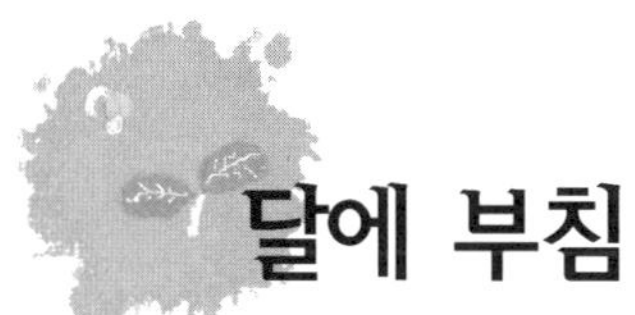

달에 부침

마루 위 선반에 있던 옥수수가 깡탱이만 남았어. 필시 쥐란 놈 소행일진대, 대체 사다리도 없이 어떻게 올랐을까?

궁궁이 고개를 꼬다가 공사를 벌였어. 선반 아래에다 물 바께스를 놓고, 쓰고 난 부탄가스 통으로 빙 울타리를 하고. 이제 풍덩 빠지기만 해봐!

밤중에 쿠당탕 소리에 잠을 깨고선 귀를 기울인다. 달그락! 방어선을 넘었는가? 투르르륵 문창살이 흔들린다. 가로등 불빛에 드러난 그림자, 문살 끝에 주먹만한 놈이 다시 포르륵 내려간다. 궁궁이 기가 차서, 헛참, 등반 기술이 저 정도니……. 나원 저놈을 어떻게 혼을 낸단 말인가? 개들을 보초를 세울까, 아니면 쥐덫을 놓을까 궁리를 해

본다.

아침에 구름이 끼었는데 산책하다 돌아오니 열시가 가까운데, 면도기를 들고서 지렁지렁한 수염을 밀고 장보러 간다. 추석 밑인데 마침 장날인지라 장터가 붐빈다. 공책 한 권 사고 쌀도 사고. 또 추석 준비도 해야지? 떡도 사고 막걸리도 사고. 버스에 오르니 쪼그랑 아저씨가 타고 있다. 말끔히 이발도 하고, 얼굴이 불그레하다.

궁궁이 집에 들어앉아 떡을, 누릇누릇하고 부풋한 마치 넙적한 찐빵처럼 생긴 술떡인데 그걸 한쪽 잘라놓고 막걸리 한 병 비운다. 이슥하여 달이 꽤 밝을 텐데 비구름에 가렸구나. 검돌 검순을 마루 곁에 옮겨다 보초를 세우고.

아침에 나와선 선반을 확인한다. 옥수수알 몇 개가 그대로 있구나. 집 앞길로 차소리 두어 번 나더니, 옆집에 도란거리는 소리 들려온다. 낯선 인기척에 개들이 짖어댄다. 검돌 검순은 우렁차게 웡웡, 북실이는 왈왈 와르릉 한참을 소리한다.

파르란 하늘, 햇살 아래 빨간 고추가 널렸다. 궁궁이 밀짚모자 쓰고 밭에 올라가노니, 이장님이 고향 온 따님과 밭에 나와 있다가, "명절 쇠러 안 가?"

밭 안쪽에서 붉은 고추 몇 개 따고 한동안 어슬렁거리던 궁궁. 그쪽에 못자리에 잡풀이 듬성듬성 키를 뽐내고 있으니. 아니, 벌초한지 얼마 됐다고 그 사이에? 잡풀을 뜯는데 어떤 놈은 올망졸망 꽃을 피우고도 있다.

똑같은 말을 두 번 더 들었으니. 내려오는 길에 대동계 계장님이, "명절 쇠러 안 가?" 대문간에서 풀 베고 있자니 쪼그랑 아저씨가 또 그런다.

피융? 따악. 폭음탄이 터진다. 마루에서 궁궁이 멍하니 바라본다. 개며 닭이며는 덤덤하고 의연한데…… 궁궁은 무슨 생각에나 빠졌는지. 피융? 따악.

방에서 소주를 홀짝홀짝 하다가, 떡, 오징어, 소시지, 옥수수, 안주거리를 훠 본다. 먹을 게 많으니 명절 기분인가? 아니 역시 찌짐이니 나물쯤은 있어야 명절답지. 그때 옆집 막내딸이 문간에 와서 떡 한 그릇 준다. 왕떡이란다. 그것 역시 술떡이었으니, 올 추석은 술떡 풍년이구나.

아직 밤은 갈 길이 먼데 솟쫑 솟쫑 소리 은은하고, 가까이 풀벌레 노래 소슬하다. 궁궁이 마당에 나서니. 중천에 달이 둥그렇다. 달이 하도 환하여, 그 밤에 고즈넉이 달빛에 비추오라. 필을 들고 새 공책에다 작문을 한다.

원죄. 그 말이 수긍이 안 갔다. 어릴 때부터 거부감을 가졌더랬다. 오늘 좀 다른 생각이 들었다. 못자리에서 풀을 뜯는 손을 보았다. 무고한 풀을. 그 손길에 뭔가가 있음을 느꼈다.

아마도 문명이지 싶다. 문명의 상속은 지식의 전수와 함께였으리라. 지금껏 그런 지식으로 세상을 보고 사람을 평해 왔다. 하지만 그

지식이란 결국 문명이 비춰낸 한 조각 그림자가 아닐지. 또 어떤 지식은 나 자신을 지푸라기처럼 초라하게 비쳐냈다. 지식은 그 밝음을 자산으로 함에도 어딘가에 어둠을 드리우고 있는 건 왜일까.

자 이런 서두를 달고서. 이제 공책도 새로 샀으니 정리를 좀 해 보자 하고. 문명의 꼬리, 그걸 다 붙잡지는 못할지라도 어느 한 꼬리쯤은 붙들어야 할 것 아냐. 벼르고 벼르던 그놈 붙잡기에 나섰으니.

어릴 적엔 라디오 속에 사람이 들었는가 싶었다. 늘 우리편이냐 아니냐 따지는 게 일거리였는데, 우리편 헬리콥터가 하늘을 날았고 우리편 잠수함이 물속을 누볐다. 어린 가슴에 자부심이 자랐고, 눈앞에 안내판이 있었다. 문명의 궁전으로 통하는 길.

아마 어린 내게 선택권은 없었겠다. 이미 있는 문명을 받아들이는 수밖에. 하긴 수많은 선조들이 다듬어왔고 또 이 시대의 대다수가 받아들인 문명이라면 그건 그만한 가치가 있고 바람직한 게 아닐까? 예전에 천지를 섬기는 문명이 있었다 한다. 언제부턴가 천지를 지배하는 문명이 판을 친다. 뿔과 불을 휘두르며 곳곳으로 뻗쳐간다. 약한 문명을 제물로 삼고, 복종자에겐 환락과 단맛을 거역자에겐 불칼을 내린다. 결국 천지를 섬기는 문명은 자리를 잃고 뿔불 문명, 문명 자체를 섬기는 문명이 세상을 지배한다.

그 강함은 어디서 오는 걸까? 분업이야말로 문명을 속성시킨 한 비결이었다고 했다. 갈래갈래 분야마다 동굴 속으로 파고드는 사람들, 수많은 광맥을 빨아먹으며 뿔과 비늘, 축복과 독기를 키운다. 누가 그 설계도를 보았던가? '더 빨리 더 높이 당신의 축복을 누리세요.' 달콤한 음성과 눈부신 비늘이 우리를 감싼다. 어둠 속에서 경고가 울린다. '고개 들어 나의 얼굴을 보지 말라. 누구든 돌이 되리니.' 메두사 문명은 뒤척이며 용틀임한다.

달밤에 궁궁이 이런 공상 추리를 하고선. 어쩌면 문명의 꼬린지 머린지를 한 자락 그린 듯도 싶은데, 자 어찌 해야 저 문명을, 그 조종간을 사람들이 되찾을꼬. 이렇게 묻자니 밤도 깊고 답도 깊은지라. 난젱이 촛불이 가물기리고 있다.

희망이 뭐냐

추석 지나자 사람들 하나둘 떠난다. 궁궁이 이틀을 밥도 안 하고 넘겼으니. 추석엔 보살님이 송편이며 찌짐이며 한 쟁반 갖다 주고, 옆집에 불려 가서는 아들 딸 남매도 보고 한상 배불리 얻어먹고.

오늘은 지게를 꺼내놓고선. 어깨끈을 새로 달고 짧은 다리에 막대를 덧댄다. 몸통이 삭았긴 해도 올겨울은 날 만하고 가벼운지라. 밭 위쪽에 가서 널부러진 낙엽송, 톱질 약간 낫질 약간으로 한 짐을 했구나.

저녁 나절에 대형차 모는 친구가 와서는 포천 막걸리랑 삼겹살까지 펼쳤다. 고기를 구워가며 한잔 먹고, 승용차 타고 나가서 노래방도 가고 다방에도 가더니. 어두운 강가에로 찾아간다. 달빛이 물살

위에 잘게 깨지고, 꼴랑짤랑 꼴쫄쫄랑 흐르는구나. 밤에도 물살은 흐르고 흘러.

둘 다 늦잠을 자고서, 밭에 가서 옥수수를 거두고 고추도 따고. 친구가, '고구마가 알이 들었을까?' 궁금해 하니. 아직 고구마 캐는 집을 못 보았으니 벌써 알이 제대로 들었을까. 줄기를 들치고 호미로 캐어본다. 진분홍 껍질 화사한, 자잘한 알이 서넛 드러났다. 몇 뿌리 파서 밥 위에 쪄 먹으니 밤고구마로구나.

궁궁이 친구 차편에 하루 서울 나들이를 간다고. 누님댁에 줄 애호박 하나 따고 앞마당 풋고추도 따고 옥수수도 담았다. 개며 닭이며 먹이 챙기고, 방이며 마루며 정리하랴, 남은 음식 처리하랴 바쁘게 떠나더니.

이틀밤을 넘기고 해질녘에야 밭 사잇길을 동동걸음 하고 온다. 길가에 고추 따는 집이 두엇 있고, 기왓집 할머니는 먹을 고추도 안 나온다며 상한 고추를 널고 있고……. 궁궁이 대문 들어서기 바쁘게 마당을 살피니 꼭꼬, 꼭꼬댁 노닐고 있다. 휘유, 가슴을 쓸어내린다. 오는 길에도 내내 걱정인 게, 꼭꼬댁이 개사료 먹으려다 또 변을 당하지나 않았는지, 알도 못 품고 말이야. 암튼 그렇게 늦어진 데는 별스런 사건이 있었다니.

간 다음날에 출판일 하는 친지들을 만나니, 그저 세파를 뚫지 못하고 그놈의 돈에 멱살을 잡힌 꼴이라. 머뭇거리던 중에 한 선배가 들어와서는, 안부를 나누던 차에 대뜸 한 처자를 만나보라 한다. 궁궁이 언감생심이건만 밀어붙이기를 잘하는 그 선배가 전화로 뭐라뭐라 하더니, 결국 다음날 오전 열 시에 가서 만나라, 이리 되었구나. 헛참 대체 뭐가 어찌 되리란고.

하루를 더 묵고서, 목욕 이발도 하고, 조카 옷까지 빌려 입고서. 수유리 어디메쯤 가서 전화를 하니 짜랑짜랑한 목소리가 들린다. 어딘가 반들반들하고 당돌한 도시여성일지. 이윽고 한 여성이 들어서서 엉거주춤하는지라 그 사람일 것인데, 궁궁이 보기에 수수하고 포근한지라. 그렇게 한 선녀랑 접선이 되었구나.

그 선녀가 입을 열어 묻기를, "시골에서 뭘 하세요?" 하거든. 그건 공교롭게도 전에도 받은 적이 있던 질문이 아니던가. 궁궁이 와르릉 요런 속셈을 굴린다. 요는 그 핵심이란, 장담하건대, '이 사람에게 얼마나 희망을 걸 수 있는가?' 그걸 보려는 것! 그러니 그 희망을 성취시킬 가능성과 자신감을 담아야 할 사. 그걸 놓치고서야 좋은 점수는 글렀다 이거야.

궁궁이 물 한 모금 입을 적시고서. 시골로 간 연유를 그럴싸하게 늘어놓고, 시골에서 나무하고, 불 때고, 밭도 가꾸고, 약간은 출판일도 하고. 그런 대목을 주워섬겼구나.

그 여성은 학원에서 초등생, 중학생들 수학을 가르친단다. 낮부터 밤 열 시까지 강의를 한다니, 거참 고생이 만만치 않겠네. 그러고 밤에는 컴퓨터로 친구들이랑 대화를 하는 게 낙이란다. 그러면서 하는 말이, 시골생활은 해본 적도 없고, 꿈도 꾸어보지 않았다! 였으니.

그럼 이게 어찌 된 사태인고? 그럴진대 궁궁이 어찌 해보려면 결국 도시로 나와야만 되려나? 자, 배필을 구한다는 건 인생에 중대사라. 그걸 위해 다시 도시에서, 저 매끄러운 건물 사이를 오가며 품을 판다? 밤이면 그녀의 위안을 받고 날이 밝으면 또 하릴없이 하루를 시작하고……. 궁궁이, 아니 그건 너무 심하지 않은가. 내가 찾는 희망은 이미 딴 길로 접어들었으니. 아 난감한지고. 그렇다고 '여기에 길이 있다!' 큰소리칠 형편도 아닌지라.

널따란 음식점에 가서 갈비탕을 먹고 헤어졌더라. 초면에 두어 시간 얘기를 나누어서 그 사이가 얼마나 가까워질까. 사람 사이엔 간격이 있지. 거처에 따라서도 간격이 있고, 또 삶의 행로에 따라서도 간격이 있고. 그 행로를 가리키는 나침반, 희망의 니침이 같은 방향이라면 동행인들 어려우랴.

궁궁이 한 가지 괴이하게 여긴 게. 그 여성은 약숫물을 길어 먹다가 요즘엔 생수를 사 먹는데, 단둘 가족이 하루에 두 통이 든다니. 밥하고 국 끓이는 데도 쓴다 이거야. 그러면 생수값이 한 통에 오천 원쯤이니, 한 달에 삼십만 원이 든다는 계산이 아닌가? 지 시골 살림은 한 달에 십만 원으로 때우는데 말이야. 대체 뭔가 꼬이긴 꼬인 것만 같아서…….

암튼 그렇게 선녀를 보고나 왔으니 궁궁 가슴이 어땠을꼬. 밤중에 벨소리가 요란하게 울려댄다. 궁궁이 불길한 감에 수화기를 드니 삑삑 요란타가 뚝 끊긴다.

아침에 안개가 몹시나 짙더니 안개 너울 위로 파란 하늘 드러난다. 전화기를 들자니 불통인지라. 보살님이 당파를 심으라고 주어서, 두런거리다가 마당에 여러 뿌리 심고 담장 밖에도 심는 중이다. 마침 경운기 몰고 지나가던 쪼그랑 아저씨가 호통치며, 경운기 비키고 하는 곳에 왜 심느냐, 우리 밭에다 심어라 인상을 쓴다. 궁궁이 대들진 못하고 표정이 거무룩하다.

제 사는 땅에 제 마음대로 심지도 못해? 마침 이장댁이 지나면서, 땅이 질어서 당파를 심기에 안 좋다 하고, 옆집 과수댁이, 자기네 온실 자리에 심으라 하고는, 한수 가르쳐준다. 당파가 흙에 폭 파묻히게 심으라 이거야.

담장 넘어온 호박 줄기에 꽃이 피고들 있고, 멀쑥한 씀바퀴가 동전만한 꽃 피웠다. 감나무 잎새에 올라 있던 청개구리들은 간 곳 없고, 잎새 끝에 잠자리 군데군데 쉬어간다.

궁궁이 우두커니 서서 뇌까리길. 자 내 희망의 발길은 어드메쯤 와 있는 거냐? 그 진척이 제법 한심하지 않다고도 못하겠구나~.

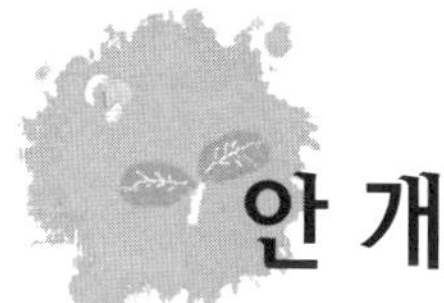

안 개

아침 안개가 골골이 가득 메웠으니. 어디가 마을인지 찾기도 어려운데 이 골 저 골 닭소리가 들려온다.

안개 부연 마루에 궁궁이 앉아서는, 가을에 무슨 안개가 이리 잦은가? 머리를 꼬다가 마당엘 내려선다. 꼭꼬가 사료 앞에 앉았다. 눈매도 매섭거니와 그 심보도 보통이 아니라 덩치로나 힘으로나 꼭꼬댁은 상대가 안 돼. 두툼한 선홍 벼슬, 가지런한 갈색 깃털, 날개죽지에서 꽁지까지 까만 깃털이 주르르하고, 윤기가 반지르르 한 게 포도대장 기품인데. 궁궁 뒤에 뒤뚱뒤뚱 따르며 먹이 달랄 적에는 어릿광대 꼴이라.

오늘은 어째 쪼그려 앉아서 부리만 콕콕 하고 있다. 늘 두 발로 서서 먹던 놈이, 꼭꼬댁이 끼어들면 화닥닥 날개짓 치며 쫓아대던 놈이. 이게 뱃때지가 불렀나? 그 걸음걸이가 이상하다. 마치 한쪽 다리가 부러진 듯이 절룩절룩. 이 어찌 된 사연인가. 혹시 밤중에 뱀한테 물렸나? 아니면 개한테 물리기라도 했나? 그런데 검돌 검순 가까이로 주저없이 다니긴 하니.

담장 밖에 호박덩굴이 요즘도 뻗어나오는데 공연히 그 옆에 밭자락으로 뻗었다간 성깔쟁이 쪼그랑 아저씨한테 무슨 말을 들을려구. 궁궁이 덩굴을 걷어 올리자니 호두알만한 열매를 단 봉오리가 제법 여럿이다. 이 호박이란 한 줄기에 암꽃과 수꽃을 같이 피울 뿐더러 암꽃은 그 밑에 볼록한 알을 배고 있어. 제딴에 애호박이 한껏 자라서 클수록 좋은 줄 알았더니. 옆집 아줌마 말이 그게 아니다. 많이 커버리면 씨가 들어서 속을 먹지 못하게 되니 그저 주먹보다 좀 컸을 적에 따는 게 낫다 이거야.

감나무 가지에 걸터 있던 애호박, 전번에 큰 놈 따고 난 뒤에 오독오독 자라서 밥그릇을 채울 만한데, 한쪽이 터지고 말았다. 그 흠집을 보자니 부리로 쪼아먹은 게 분명타. 꼭꼬 녀석이 그랬나? 그걸 찬거리로 딴다.

단감나무가 감 여럿 달고서 휘이 휘이 처졌다. 한 알이 벌써 누래졌구나! 궁궁이, 맛좀 보자 따고 보니 한쪽이 옴팍 상했건만, 깎아 먹으며 고개를 끄덕끄덕.

저녁 무렵 되자 꼭꼬가 제 집으로 절룩절룩 찾아든다. 용맹은 간

곳 없고 상이용사 꼴이니. 자칫 하다간 애비 없는 병아리들 만드는 거나 아닌지……. 저 굵은 다리가 어쩌다 저 꼴인가.

전화기를 들어 봐도 불통이라, 궁궁이 똥 마려운 강아지처럼 어정어정하다가, 밀린 설거지도 하고 마루 정리도 하고. 꽤나 뜸을 들이다가 애호박 요리를 한다. 상큼한 내음에, 풋고추 한 사발을 곁들여서 식용유에 볶아서 밥상에 올렸더라.

밤중에 오줌 누러 나가면 덤으로 보는 게 있지. 은하수가 건덩 돌고 북두칠성이 국물 안 쏟을 만큼 내려섰구나.

생각나무

궁궁이 밤중에 옹그리며 뒤척이길 여러 번이다가. 나무를 너무 아꼈는가? 생각을 했더라.

아침이 오도록 바짝 얼진 않아서 추위란 걸 생각해 보는데. 개들은 몸을 옹그리긴 해도 이불 없이 바깥잠을 자는데 사람은 이게 뭣이냐. 털이 없어서 그런가, 이리 추위에 약하구나. 그쯤 생각이 뻗치는데 그날도 안개 속이다.

어디 생각을 한번 생각해 보자. 어떤 생각은 이슬처럼 반짝하다 햇살에 부시듯 사라지고. 어떤 생각은 죽죽 가지를 뻗고 줄기를 뻗어 천지를 헤매기도 하니. 추위에 대해 이런 생각을 뻗친 이가 있더라. 그것이 새로운 출발을 주었다. 추위를 만나서 옷이 생기고 이불이 생졌다. 실과 바늘이 생기고, 더럽다 빨아라 빨래가 생기고, 촌스럽다 바꿔라 유행이 생기고, 재봉틀, 디자이너, 결국 세탁 로봇, 무공해세제…… 그런 게 생겼다. 한편으로 추위를 가리는 옷이 몸도 가려서. 눈막힘 기막힘이 생기고, 보고 싶다 힐끗힐끗 도둑눈이 생겼다. 보여주마 스트립 댄서가 생기고, 음란이다 풍기문란이다 단속이 생기고, 볼 권리가 있다 감출 의무가 있다 왈가왈부가 생기고……. 추위로 인해 생겨난 것들이 실로 인간세상을 바꾸어 놓았다. 이런 생각을 키워냈으니, 그럼 생각이 나무런가. 이리저리 뻗치기가 기묘하구나.

아침 안개 속에 궁궁이 떨뜨름하니 앉았다가, 아궁이에 불 좀 때고선 도로 들어가 누웠다. 그러다가 한 가지 생각이 건듯 피기를. 팥 이랑에 기름을 주자! 여름에 받아둔 오줌이 한 통을 채운 지도 오래다. 머뭇거리다가는 거름 줄 작물도 없겠다. 팥 이랑에 더부룩한 풀도 뽑아야지. 하고선 또. 절에서 빌려온 두 바퀴 수레에 싣고 갈까? 개도 데려가는 게 좋을지 어떨지? 으음, 손수레를 돌려줄 거라면 쓰레기 비우는 걸 먼저 해야 하나 어쩌나? 쓰레기가 아직 얼마 안 되는 듯도 하고, 썩 내키지도 않고……. 혹시 전화 수리하러 오지나 않을까?

생각넝쿨이 이리저리 뒤엉켜 마음밭이 어수선한지라……. 이게 뭣 때문이지? 생각한다. 전화 고장 바람에, 서울 다녀온 뒤로 그 처자한테 안부 전화도 못했으니, 흐이그. 모처럼 찾아온 기회, 또 언제 있을지도 모르는데 이러고 자빠졌으니……. 이러다가 노총각 신세 굳히는 것 아닌가. 히유~!

궁궁이 한참 만에야 개들 데리고 밭으로 향한다. 검돌 검순 개줄을 수레 양쪽에 걸었다. 개가 끄니까 한결 수월한지라. 오르막길을 그렇게 끌고 밀고 가다가 막판엔 수레가 못 오르니 낑낑대며 통을 들고 가다가 댓 번은 쉬고서. 이제 밭을 오가며 일하다 보니 마음이 편한지라. 햐 밭일이란 게 걱정엔 참 좋은 거구나, 생각을 한다.

궁궁이 닷새 만에 읍내에 나갔으니, 공중전화로 간신히 연결이 되었는데, 저쪽에 첫 목소리가 식은 팥죽이다. 한번 만나자 하니, 선약이 있다 늘 바쁘다 이러거든. 예선탈락인가? 무척 섭섭해설까? 동전 집어먹는 소리에, 공중전화예요? 하는 물음에, 그제서야 집 전화가 고장이라는 것, 개랑 닭 때문에 그날 당장 내려왔다는 사연을 전하니. 개하고 닭은 잘 있던가요? 그런 안부에 그나마 한 줄기 희망을 삼고서. 몇 가지 장도 보아서 왔구나.

꼭꼬가 여전히 절룩거린다. 이제 꼭꼬댁한테 위엄을 부리지도 못해. 사람은 부부 간에 한쪽이 아프기라도 하면 걱정도 하고 간호도 할텐데, 궁궁 눈엔 그런 기색이 안 보여. 사료를 주면 꼭꼬가 전처럼 설치지를 못하니 오히려 제 먹기에 신이 난 꼭꼬댁. 하다못해 벌레나 풀 한 잎 물어다 주는 꼴이 없고 요리조리 화단을 누비며 제 입만 채우고 있거든. 어이 저리 비정한고……. 이제껏 키운 게 기껏 저런 놈이었단 말인가? 참 의리라곤 털끝만큼도 없네! 요로케 생각을 한다.

꼭꼬댁 그 태연자약한 모습이, 제딴엔 수수께끼다. 도무지 그 심보를 헤아릴 수 없는지라. 역시 미물에 지나지 않는다, 그렇게 친다. 헌데 벌써 여러 달을 함께 지냈는데 닭도 보통이 아니더란 말이지. 게다가 한 집에 살면서 혹시 이해가 부족하지나 않을까 하고 다시 생각을 해 본다. 어쩌면 사람 생각으로 닭 심보를 헤아리기엔 맞지가 않는가? 입장을 바꾸어서 보라. 그런 말이 생각난다. 아니, 사람 간에도 입장을 바꾸어 보기가 쉽지 않은데, 닭의 입장? 그게 가능이나 할지…….

에고 골치야. 그냥 덮어 버리자니, 한 집안 형편도 못 헤아리는 주제라, 영 체통이 안 선다 이거야. 그래서야 어디 그놈 문명의 꼬리를 붙든다 어쩐다 할 수나 있겠어? 아이고, 그게 아니라도 갈 길은 먼데 이 무슨 난관이냐. 천상 이 수수께끼를 풀자면, 둔갑술이라도 부려야 할 판인네 언제 그걸 배웠어야 말이지. 아니면 무슨 독심술이라도 써 봐? 머릿속을 뒤져봐도 영 감감이라……. 허공에 떠도는 물음. 아아 갑갑하여라. 무슨 방안이 없단 말인가? 그때 떠오른 생각이. 한 십년 면벽수도를 하여라, 그러면 답을 얻으리니.

자아 이제 어쩐다지? 어디 한번 꼭꼬댁을 화두로 십년 정진을 해 봐? 흐음, 옛날 사람들 참 무지막지했고녀. 기껏 의심이란 게, 개도 불성이 있는가, 그 똥막대가 뭣인고 이런 찌질한 물음을 갖고선 자나 깨나 묻고 물어 그 답을 구했더라니. 그걸로 만사형통이 되던가? 설령 그런들 무슨 팔자에 무슨 청승으로 그 짓을 한단 말인고? 아서라 말어라, 그냥 눈물을 머금고 만사를 접는다. 홧김에 버럭 소리친다. 그냥 제 사는 대로 냅둬 버렷!

흐흐흐, 닭 모가지를 비틀지 않은 게 다행일세. 상대를 그대로 인정하기가 그렇게 어려운 건 왜일꼬.

내공 시험

자 아홉꼬리 그 숙제에 별스런 진전이 없으니. 이제 와서는 그렇다, 무슨 내공 그런 게 모자란 거 같다 이거야. 단숨에 내공을 몇 갑자 끌어올릴 빛바랜 비급, 그런 것이 아쉽다. 하지만 그건 무슨 특별 인연이 있어야지 아무한테나 와?

궁궁이 가진 책 중에 소시적부터 읽던 책, 그러니까 두어 페이지 읽다 말고 나중에 또 읽다 말고 해서, 하여튼 앞 대가리만 보고 또 본 거야. 그렇게 누렇게 빛바랜 책자가 있긴 있어서. 그걸 촛불 아래 비추고 비추어서 끝장을 넘겼으니. 장자 내편 그거 한 번 읽기에 이십 년이 걸렸구나. 그러고서 또 도덕경을 구해다 읽더라니. 그런 궁궁에게 한번은 내공시험이 있었더란다.

산골마을에서 그런 나날을 꾸려가던 어느 가을날, 가슴에 한 물음이 안겼으니. 온갖 생명을 품고 있는 땅이요 하늘이라. 그걸 이렇게나 어우러지게 하는 또 뭘까? 제딴에 뭘 보긴 봤던지. 지금까진 그게 자연이다 그러면 됐는데. 뭐 그렇게 불러서 안 될 것도 없는데, 이제 뭔가 좀 갸륵한 이름자를 대고 싶은지라.

한 가지 나오는 게 있어서. 자연의 섭리! 하긴 섭리가 뭔지 잘은 몰라도 좀 나은 것도 같아. 혹시 더 나은 머시기는 없을까? 두리번거린다. 그러다가 한참 만에 또 한 가지가 빼꼼 나왔으니. 조물주. 만물을 그렇게 만들었다던.

어릴 적에 뭔가 신기한 게 있어서 물으니 '그건 조물주가 그렇게 만들었다' 했다. 세상을 만든 조물주가 있는 모양이라. 한번은, 노래기를 보고는 놀래서, 저건 왜 저렇게 발이 많나요? 하니까 또 조물주한테 넘기는지라. 그때는 한술 뜬다고 그럼 조물주는 왜 그렇게 만들었냐고 따지니 '그건 조물주한테 물어 봐라' 이거야. 하참……. 뭘 모르네! 대체 어딜 가서 조물주를 만나? 만날 길도 물을 길도 아득하여. 땅바닥을 보고 하늘을 보고 하릴없이 공중을 바라노니, 허연 어디선가 본 듯싶은 그 모습이 뜬다. 왜 노래기한테는 그리 많은 다리를 주셨나요? 아득하게 궁궁이라. 음음, 아마도 당신께서 하는 그 어떤 무엇? 그렇게 답을 삼았다.

나중에 또 다른 선생을 만났으니. 어두운 동굴에 불빛이 비쳐들었다. 잔뜩 겁먹었던 천둥 벼락도 사연이 있었다. 사람도 원숭이 비슷

한 것에서 진화했다니. 멀미가 났다. 그런 과학으로 이룬 발명이며 신기술이 눈앞에 펼쳐졌으니. 어릴 때 신비와 미신이 살던 굴속, 거기가 매끈한 색지로 도배가 되었다. 세상에 귀신이 어디 있어! 조물주를 만나? 그건 물 건너 갔다! 예전에 과학이 발달하기 전에는 얼마나 답답했을까!

그랬던 조물주가 다시 떠올랐으니 이 얼마 만인가. 그래서 이제 자연의 섭리와 조물주, 이 둘을 마루에 모셔놓고 번갈아 바라본다. 근데 이게 어떻게 된 거야. 어쩌다 이렇게 다른 이름자가 한데 놓였지?

이런 내공시험이 있었더라.

품느냐 마느냐

꼭꼬댁이 대개 하루 걸러서 한 알을 낳는데, 어떤 때는 연짱으로 낳기도 해서, 눕혀논 장독 바닥이 그득하다.

실상 조 알에 궁궁이 얼마나 군침을 삼켰는지. 하지만 당장에 한 알이 병아리가 한 마리라. 어릴 때 학교 앞길에 노오란 병아리가 오글오글. 그것 한 마리 안고선 방안에 고이 모시고 물도 주고 쌀알도 주고. 하루는 학교에서 돌아와보니 뻗어 있더라니.

이제 어미닭이 품어낼 노란 병아리, 어미품에 자라는 그놈들을 보리라 하고. 지금껏 꺼내먹은 거라곤, 그 쬐그만 첫알, 또 전번에 꼬마들 왔을 적에 큰맘 먹고 한 알 실례한 것 그 정도라. 곤지곤지 세어보니 어언 스무 개나 되었구나.

친구랑 통화할 적에도 그걸 자랑이다. 그런데 나무꾼 친구가 이런 충고를 하였으니. 부화기에서 난 닭은 알을 품지 않는단다. 그러니 헛수고 말고 싱싱한 알이나 잘 챙겨 먹어라.

어미닭이 당연히 알을 품으리라 했다가, 뜨악 했구나. 저 꼭꼬댁으로 말하자면 장터에 좌판 벌린 장수한테서 사온 것. 부화기 출신이 아니란 보장이 없으니. 이를 어쩐단 말인가?

꼭꼬댁이 알 품기를 안 하는 건 아니어서. 하루에 한 번씩은 품어. 알을 하나 낳기도 하고 또 어떤 때는 품기만 하다가 나오는데 그러고선 나 몰라라 하거든. 그렇게 잠깐씩 품어서도 부화가 되는가? 아무래도 그건 아닌 것 같으니. 그게 부화기 출신이라 그런가? 스무 개나 되는데도 품지를 않으니……. 부화기에서 깨이나면 제 본성을, 알 품기를 까먹는다? 부화기에 어떤 비밀이라도 있단 말인가. 그걸 확인이라도 하자면 그냥 꼭꼬댁한테 맡겨둬라. 기다리노라면 새끼가 나오든지 몽땅 상하든지……. 에그머니나, 저게 다 상하면 아이고 원통해라. 차라리 친구 말대로 싱싱할 때 몸보신이나 해?

이 심각한 기로에 서서 그래도 팔이 안으로 굽는다고 꼭꼬댁을 한번 믿어보자, 품는다에 걸었구나. 그리고, 부화기가 본성을 없앤다? 과연 그게 사실일지 억측일지 말이야. 그게 사실이라면 뭔가 예상치 못한, 문명에 숨겨져 있는 비밀의 단서가 있을지도 모른다 하고.

밭에 콩 이랑에 풀을 이제야 좀 벤다. 검정콩을 심었던가, 흰콩을 심었던가? 검정콩이었나 보다. 콩깍지가 조랑조랑 달렸는데 아직 콩

이 든둥 만둥 납작하다. 그래도 떡잎을 산비둘긴가 뭔가한테 사그리 뜯기고서 보족보족 잎새를 틔우던 놈들, 이만큼 자란 게 대견하고나.

고추는 다들 흉작이라고 하지만 그건 약과야. 빨간 놈 두엇 따느라 병든 놈 상한 놈 떨구어낸 게 쉰 개를 헤아리니. 실한 농사꾼은 한 그루에서 한 근을 한댔다. 그것도 말린 고추로. 얼추 이백 그루 심은 터에 이제껏 말린 게 두어 근이나 될지……. 비료 안 하고 약 안 치고 그저 지어서, 열 근 스무 근만 하자던 것도 까마득하구나.

고추 이랑을 뒤지는데 저편 남쪽 숲에서 깩 깩 소리가 들려. 전번에 아랫집 아저씨가 밤나무에 밤이 남아나질 않는다 했는데 그 다람쥐가 왔구나. 가만 보자니 몇 그루 밤나무 중에 가지가 들썩이는 곳, 검은 다람쥐가 보여. 궁궁이 췻 취잇 소리쳐도 본체만체 열심이다. 요놈 봐라, 어디 다람쥐 사냥이나 해 보자! 잡아서 검둥이 보신이나 시키리라. 잔돌을 주워 놓고 씨웅 날린다. 한 놈이 아니라 두 놈인데 거리도 멀거니와 좀체 맞아야 말이지. 돌팔매로 어깨만 뻐근하다. 고놈들 가지에서 가지로 이 나무 저 나무로 홀짝홀짝 여간 재주가 아니로세.

나무 아래로 다가가니 실한 알밤이 두 톨 굴러 있다. 다람쥐가 떨어뜨렸나? 알밤 담고, 나오는 길에 옥수수 잔챙이도 몇 개 따고, 사마귀도 두 마리 거머 담으니 그건 꼭꼬댁 줄 선물이야. 옥수수 잎은 벌써 누렇게 바래어 바람결에 바스락 소리를 낸다.

위대한 작품

언덕 너머로 음악소리 구령소리 울려온다. 학교에서 가을 운동회 하는 날이라. 궁궁이 찐 옥수수로 점심을 때우고 운동회 구경을 갔으니. 당나귀 고깔에 마대자루 둘러쓴 둘이가 당나귀가 되었다. 달리기, 릴레이도 벌어져, 반 바퀴 도는데도 꼬마들 벌써 숨이 차서 씩씩 댄다.

그네에 걸터앉은 궁궁, 뒤처진 쪽을 응원이다. 졸업생 중년 남자들도 릴레이를 벌이는데 역시 어른들은 변통성이 있다. 선 안쪽으로 달려서 앞지르기 성공. 아줌마들도 따로 릴레이를 벌인다.

오래지 않아 폐회식이다. 운동장에 모여선 꼬마들. 곤색 바지에 하늘색 웃옷을 입고서, 키큰 육학년 키작은 일학년, 다해야 백이삼십명 정도가, 그동안 여러 날 연습했을 터인 몸놀림. 우리 가락에 맞춰 이리 뻗고 저리 돌고 덩실덩실 비쭉비쭉. 연단 위에 한 여학생과 같은 동작을 해 보인다. 아담한 운동장, 일여덟 선생님들…….

느티나무 쪽에는 한 장사꾼이 좌판을 벌려서, 아이들 장난감이 수북하다. 신나는 운동회 못지않게 재미가 쏠쏠하다. 나오는 길에 마을 아줌마들 몇 분 만나니. 진작 와서 밥이라도 같이 먹지, 핀잔이다. 둘은 궁궁이랑 같은 또랜데 막내 때문에 왔으니, 궁궁 눈길에 부러움이 흐른다.

아침에 나무 한 짐 하고서 오전에 전화를 받으니. 전번에 만남을 주선했던 선밴데 말인즉, 그쪽에서 별 생각이 없는 모양이니 다음 기회에 잘하라. 궁궁, 그게 무슨 말이냐 하니. 저쪽에서 그저 좋은 경험으로 삼는 그런 반응이란다.

하릴없이 마루에 앉은 궁궁. 면전에 뭐가 있어야 무슨 수작이라도 해보지. 가을 하늘 수제비 구름은 두리둥둥 어우러졌건만 이 마루에 먹구름은 어이 하리오. 남녀간에 차고 차이기란 흔한 일이니라. 하지만 고런 심사를 툴툴 털기가 쉽지 않거든. 배필을 만나 살림을 하고 자식을 키우는 꿈. 그게 어지간히 멀기도 하구나~.

어느 선생님이 물었어. 사람이 만든 것 중에 가장 훌륭한 것이 뭐냐? 여기저기서, 비행기요, 팔만대장경이요, 우주선이요, 컴퓨터요……. 선생님이 가만히 고개를 젓다가. 아니다. 사람이다, 사람이 만든 자식이다 하니 다들 피식피식이더라.

하긴 만든다 그 말이 좀 어렵다. 이때껏 문명권에서 만든 편리한 연장이며, 예술품이며, 눈부신 기기들. 그건 분명 자연에는 없는 걸작이었다. 하지만 어떤 문명도 잠자리 한 마리 명아주 한 포기 만들지 못했다. 생명의 출산, 부모가 됨이란 문명이 넘보지 못한 위대한 창작가 대열에 드는 것이 아니랴.

헌데 사람을 봐. 그게 혼자서는 아무리 기를 써도 되는가. 설령 용빼는 재주를 가진들 소용이 없다. 무릇 남녀가 합작을 해야만 되는 것이니……. 대체 이 무슨 조화런가? 조물주가 야속하고나.

밭농사도 그렇거니와 자식농사도 기약이 없는지라. 궁궁, 왜 혼자서는 안 되는고 하릴없이 비탄에 잠긴다. 그러다간 위안을 삼기를, 어디 자식이란 제 뜻대로 크기나 하는가? 세상에 홀리고 뭔가에 홀려서 부모 억장 무너뜨리기가 십상이지. 나도 그랬다. 또 지금껏 한 몸 살아갈 방도마저 구하질 못했으니, 자식이 있다 한들 뭘 가르치고 어찌 살라 할 것이냐.

그러고도 아직 못다 한 꿈은 남았는지, 막막하고 허전한 세상을 묻는다. 예전에 일찍이, 세상은 고해다 그런 말을 들었은즉. 그래도 그저 남한테나 해당돼라, 기어이 행복 찾아 두리둥둥 살리라 했더니……. 아 세상길, 인생길이 실로 고생길이런가?

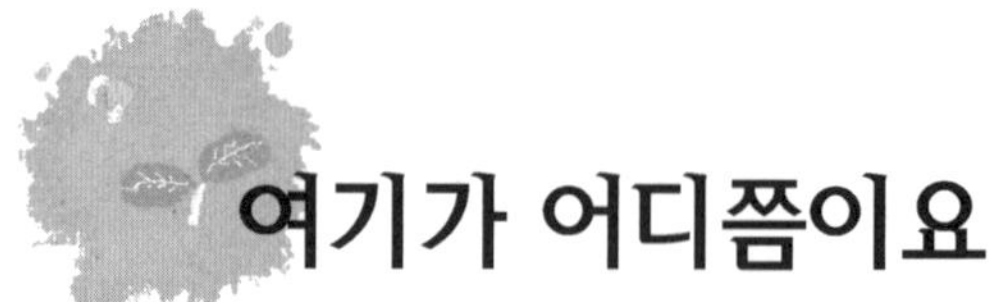

여기가 어디쯤이요

소슬바람에 옷자락 여미네. 저 산자락 가을 속에 문득 겨울이 들었구나.

궁궁이 지난 겨울을 떠올린다. 기슭에서 나무를 주워오고 얼음장 두께로 추위를 가늠하고 아궁이 앞에서 불 땔 때가 제일 훈훈했던……. 이제 좀 익숙해진 걸까? 눈앞에 보이는 정경, 귀에 들리는 소리가 그저 만만하고, 개, 닭이며 작물도 이렇게들 자라고 있으니. 하지만 다시 겨울을 맞으리라 하니 서늘한 물안개가 피어난다.

밭자락에 가서 나무 한 짐 하고선. 아홉 시가 넘도록 안개가 가려 있더니 이제 한 자락 하늘빛 드러나고 마당에 서서히 햇살이 비친다. 꼭꼬 녀석, 다리 부상이 웬만큼 나은 듯 절룩거리지 않고 목청도 살아나서, 건너편 꼬끼오 소리에 뒤질세라 쩌렁쩌렁 소리를 지르고.

햇살 기운이 좀 번졌을 무렵, 독 속에서 면벽하던 꾹꼬댁이 폴짝 뛰어내린다. 먹이를 퍽퍽 먹고 다리로 목덜미를 벅벅 긁고 주먹덩이 똥을 눈다. 마당을 누비는 것도 평상시와 달리 엄청 빨라. 한동안 쪼고 다니다가는 다시 독으로 올라 알을 품는다.

꾹꼬댁이 알을 품은 게 어언 엿새째라. 그날 궁궁이 원두막 닭집을 아예 뽕나무 곁에 독 가까이로 옮겼것다. 얼추 이사가 끝날 무렵, 보살님이 와서 법당문 창호지 바르는 걸 도와달라 하여. 갔다가 해질 녘에야 내려오니 꾹꼬댁이 장독 속에 들앉은 거야. 오전에 알 낳고 또 들앉았으니. 나중에 캄캄해서도 여전히 자리를 지키고 있었더라. 누가 가르쳐준 적도 없건만 옹골차세 알을 품고서 그 무엇인가를 기다리는 모습. 음력 팔월 그믐, 달 없는 저녁, 꾹꼬댁이 스무두엇 알을 품었더라.

독 속에 옹글옹글한 달걀, 그 속에선 지금 무슨 일이 벌어지고 있을까? 혹시 병아리가 나오지나 않았나 살펴본다.

저녁 나절에 잠들었다가 개짖는 소리에 궁궁이 깨니, 보살님이 감자튀김을 갖다 준다. 해가 이미 떨어졌으니. 닭모이, 개밥 챙겨주고 불도 때고서 밥상을 차리니. 열무김치에 감자에 풋고추, 호박에 쌈장 푸짐하고나.

늦게야 이불 밑이 훈훈한데 초엿새 달이 희부윰 구름에 들었다. 맹송맹송 잠을 청하지 못하고 그저께 신문도 보고 라디오 뉴스도 들어

보고……. 그때는 인터넷이란 게 아직 없었지. 그러니까 무슨 의견을 나눈다든가 댓글을 단다든가 그런 것도 더디고 드물었어. 전화야 있어서 멀리 친지한테 소식을 건네고 할 수야 있지만, 그것도 뜬금없다 하고.

산골에 늦은 밤 촛불은 조요한데 세상은 어디로 가고 있는가. 여기는 어디쯤인가. 말똥말똥 하고 있더라.

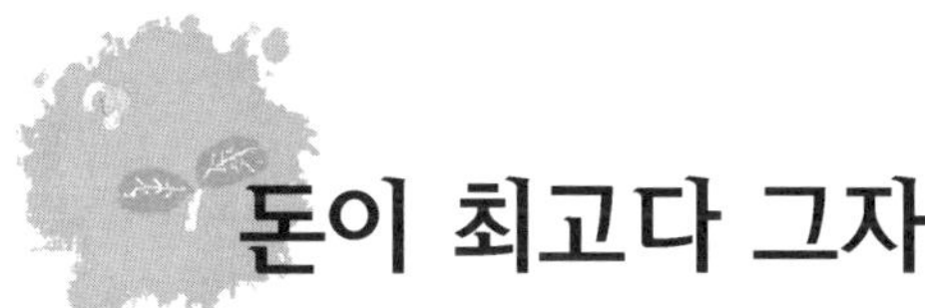

돈이 최고다 그자

궁궁이 멀리 남쪽에 형님댁엘 불려간다. 고구마랑 뭐랑 해서 한 상자 낑낑 들고 가니, 형수가 작물값에다 기부금까지 얹어서 주는구나. 이것도 팔긴 판 건가? 암튼 이런 식이라면 농사도 괜찮겠네~.

먼저 와 있던 어머니까지 상봉을 하고서. 그날 밤에 술잔도 오가고 말들도 오가는데. 철근 장사하는 그 형이, "와서 사업을 거들어라" 한다. 전에도 그런 제안을 마다했던 궁궁이 소질이 없다 발뺌을 하는데. "상관없다, 그저 믿을 사람이 필요하다, 이번에 또다시 망하면 인자 다 죽는 수밖에 없다." 비장한 눈길을 한다. 사업이 망한다고 가족이 다 죽어? 그럴 것까지야 있을까마는. 한편으로 시골에서 적자가 쌓인지라 뭘 좀 벌긴 벌어야 하고, 고향땅이 아니 그립지도 않은지

라. 아무튼 연말까지는 일단 미루어 두기로 했으되.

다시 어미와 함께 길을 나섰구나. 짐도 있고 하여 택시를 타자 해도 굳이 버스 타자는 어미다. 이윽고 버스에서 내려 역으로 가자니 길이 꽤나 먼데. 묵직한 가방을 궁궁이 들었건만 어째 걸음이 저리 더딜꼬. 다가온 옆모습을 보니 머릿결이 한층 희어도 졌구나. 거기에도 세월이, 무정 세월이 흘렀나 보오~. 궁궁 눈길이 떠돈다. 제 놈 빤질 머리보다야 낫건만.

육교를 넘어 간신히 역전에 당도하자니. 휘유 한숨에 이어 다정한 목소리가, "역시 돈이 최고다 그자~" 한다. 궁궁이 그저 품새나 좀 넓었다면, 정말 돈이 장땡이지요, 맞장구치면서 친목이나 쌓을 텐데. 이걸 불시에 날아든 화살로나 받았으니. 입이 억 벌어져서, 이걸 꺾어야 한다! 단박에, 아주 시원한 말빨로! 하고는 밑천을 와르르 털어보는데, 뭐가 나와야지……. 목구멍을 벌린 채 어정쩡한 차에, "택시만 타면 역 앞에 척 내려주지 않나~." 화살대가 찌르르 떤다. 아, 그놈의 택시, 그게 원수였구나. 대체 바퀴 달린 물건 그게 뭐더란 말인가 택시를 원망타가. 아니 애당초 지가 넉넉했더라면 이런 일도 없었을 터. 어머니가 저리 된 건 내 탓이다. 가난 때문이다. 지금껏 뭘 했더란 말인가. 아 한심한지고, 못난 자식이다. 한탄을 한다.

궁궁한테 변고는 변고인 게, 돈, 그게 최고면 이제 이것이 무엇이냐. 주변이 조요하다. 사람들이 허수하게 오가고, 여기저기 붙은 간판들이 돈, 돈을 부른다. 갑자기 엄니마저 낯설다. 지금까지 정이며 혈육이며, 고와라 이뻐라 살아온 거, 그것도 다 돈 아래였던가. 이제 돈 아닌 그 무엇으로 엄니를 볼거나. 애써 지은 고구마, 고추, 콩…… 그것도 다 허접이라. 아아, 그럴 리 없다. 실로 말의 허황함이여, 경박함이여. 그제야 벌어진 목구멍을 오므리며. 대관절 무엇으로 이 노인네를 돌려놓을꼬. 차마 한대 콩 쥐어박지도 못하고서.

열차 창밖으로 누런 벼이삭이 지나간다. 조랑조랑 감을 단 감나무 밭, 오목조목 산줄기가 스친다. 궁궁, 멀리 풍경을 내다보고 있다. 생각이 어문 곳을 헤매노니.

돈이야말로 문명의 한 꼬리가 아닐까? 궁궁이 그렇게 생각도 해보았더라. 그런데 그놈의 돈을 한참 들여다보아도 무슨 재주를 넘지를 않더라니. 어린 꼬맹이를 보면 어른들이 쥐어주는 별난 종이를 우습게 본다. 사실 종이돈, 그건 똥닦이로도 어렵고 메모지로도 적당치가 않지. 그런 허깨비를 감지덕지 모시자니 거기에 무슨 사마가 끼었는가? 아니, 그냥 턱 믿고서 건네 봐봐. 밥 나와, 술 나와, 차 나와. 돈방석에만 앉아 봐. 하인 생겨, 선생 생겨, 해결사 생겨. 그러니 그게 정말 무엇이냐. 별난 종이와 요술종이, 그 사이에 뭐가 들었는고. 그게 영 알쏭달쏭이야.

어디 한번 그 전설을 새겨보자. 사람들이 거두어 쓰고 남는 바 있어도 다른 것과 쉬이 바꾸지 못할 새, 가볍고 변치 않는 이 신표를 만들어 널리 펴노니. 날로 써서 바꾸기 편케 함이라. 자 그럴진대 사람들이 그토록 뛰고 설치고 안달복달로 돈을 좇아서 폭풍우 속을 헤치

듯 함은 어인 일인고. 그게 이 땅에 국한된 현상이 아니라네. 실로 색계 인간계가 널리 그렇다 하니. 여러 강대국에서 머나먼 이 땅에까지 밀려들어 돈을 찾아 부를 찾아 설쳐대고 있다니, 아이고 광대하여라. 세상이 그저 안개 속이로구나. 말도 다르고 문화도 다른 그들을 그렇게 만드는 건 또 무엇이냐. 무엇이 세상을 그렇게 하였는고.

실상을 봐라. 세상살이에 필요한 수많은 것들을. 그걸 족히 구해야 행복의 문이 열려. 예전엔 능히 총칼로 정복하고 빼앗고 하던 것을, 이제는 거래를 통해 이득을 나누고 키움이니. 부지런히 힘쓰고 일하라, 때로 벌고 쓰면 또한 즐겁지 아니한가. 자 됐지?

아직 멀고 멀었어. 돈이 돈을 벌고, 권세로 술수로 돈줄을 막고 품고 하면서, 돈방석에 돈방주에 오르지 않더냐. 그럼 나머지는 뭐야. 그러고 대체 돈을 펑펑 찍어내는 권한은 누가 준 거야? 세상에 이상한 종교가 펴져 있다. '돈을 따르고 모시라, 천국이 열리리라. 자유와 권세가 너희 것이다.' 합창 예배로 돈신을 받드니, 일찍이 이렇게 번성한 종교가 있었던가?

창밖에 판잣집, 기와집, 양옥집 들이 스쳐 지난다. 저런 도시에서 어린 시절을 보냈다. 부모 밑에서 철없이 지냈던 시절이 있었다. 문득 궁궁이, 엄니가 돈이 최고다, 한 말엔 생략된 게 있었구나 하고는. 아마도 우리 가족이 이 세상을 살아가기엔 돈이 최고다 이쯤이었겠다. 자식을 돈으로 바꿀 엄니가 결코 아니다 이거야.

별난 종이로 김밥을 바꾸어서 엄니랑 점심을 먹고. 엄니의 소시적

시절을 묻고 물어 옛이야기를 듣는다. 일본에 돈벌러 간 청년과 혼인을 하게 되고, 고향 떠나 일본에서 공장에도 다니고. 해방이 되고, 이 땅에 돌아와 도시에서 살아온 고락의 세월……. 아버지는 양복집 해서 그나마 살림을 일구었다.

궁궁이 얼마 안 되는 시골생활이지만 풍월은 늘어서. 시골 마을에는 아직 사람을 훈훈하게 하는 무엇이 있다. 또 여러 가지를 자급할 수가 있고……. 하긴 자급으로 풍부하기란 어렵지. 고생도 많아. 하지만, 하지만. 도시에서 산다는 건 뭔가를 희생함이 아니런가? 고개를 개웃거린다.

자 그렇게 흔들리는 기차간에서 돈 공부를 하던 궁궁이 문득 한 가지 수상한 낌새를 잡았으니. “돈이 최고다.” 거기에 다정하게 따라붙던 그자~. 그게 어딘가 살랑댐이 있지 않던가. 어찌 보면 흡사 꼬리를 닮았으니. 이 어이 된 일이냐? 그렇다면 혹시 문명은, 저 찬란 오만한 문명은…… 어머니한테다 꼬리를 숨겨놨다? 헉, 기가 막힐 일이네. 따뜻한 품, 늘 자식 위해 기도하던 어머니……. 근데 그 한쪽에다 꼬리를 달아놔? 그런 기발하고도 비열한 짓을? 어디 내 손에 걸리기만 해봐! 그렇게 씩씩대다가. 아니, 혹시 이 땅의 수많은 어머니, 그 영혼 속에 그런 꼬리를 숨겨놨다면? 맙소사, 그건 참으로 황당한 일이 아닌가?

궁궁이 어머니와 헤어져 기차를 갈아타니. 꽤나 어수선한 심정이다. 어쩌면 연말까지로 끝날지 모를 시골 생활. 그러고 보면 개도 닭도 어떤 소용돌이에 휘말릴지 모르고, 정든 마을과도 작별일지니……. 떠날 적엔 마을분들한테 뭐라고 한단 말인가.

그러고 그게 대체 꼬리가 맞긴 맞는 건지? 문명의 꼬리를 잡으리라 한 뒤로도 늘 그게 이상했으니. 어쩌다 요게 꼬리지 하고 들여다보면 살랑거림이 없어. 그저 쥐 죽은 듯이 조용하더란 말이야. 돈이 그렇고, 칼이나 바퀴도 그래. 하긴 무슨 광고 따위가 눈귀 따갑게 살랑거리긴 하더라니. 그렇다면 결국 꼬리는 돈이나 바퀴, 그 자체에 있는 게 아니라 오히려 사람 속에 있다? 어쩌면 사람을 통해서야 비로소 꿈틀거리는 그 무엇?

아리송한 궁궁을 싣고 기차는 굴렁굴렁 달려간다.

헤고 또 헤고

일전에 북실이 교배시키느라 도시에 애견집에 맡겼는데, 비가 와서 북실이 데리러 갈까 말까 궁궁이 망설인다. 아궁이에 불때고 나서니 비가 그쳤거든. 후다닥 나서서 여덟시 버스에 올랐다.

일요일이라 일이 늦었는지 해가 뉘엿할 무렵에야 북실이 안고 잰걸음으로 돌아온다. 마당에 들어서기 바쁘게 장독 쪽을 바라본다. 꼭꼬댁이 여전히 알 품고 있으니. 오늘이 알 품은 지 꼭 스무하루째라, 알 까는 걸 보겠구나 하고.

그런데 저 북실이는 왜 저럴꼬. 검돌 앞에 가서는 또 꽁무니를 들이대며 유혹을 하거든. 낮에도 한 차례 신방을 꾸미고 왔는데 왜 저러나? 재미 붙였나? 아무튼 검돌과는 체구가 안 맞는데 일껏 교배시킨 게 허사될라. 궁궁이 북실이를 마루 밑으로 들여보냈는데……. 몇 번이고 다시 그 짓이야. 들깻대로 때려도 금방 소용없고, 결국 콧등에 손가락 땅콩을 두어 개 먹이니 그제서야 기가 죽었다. 궁궁이 고개를 갸웃거리길. 개는 정조 따위는 소용없다?

구름이 한층 엷어졌어. 누운 장독을 들여다보니 오호. 연노랑 병아리 어미품을 들추고 있다. 세 마리 가량이 이미 나와 있어. 아장거리기도 하고 고 작은 부리로 짚대를 콕콕 쪼기도 하고. 다른 알은 아직도 멀었는지 여전히 감싸고 있는 꼭꼬댁. 수돗가에서 한참을 곁눈질로 본다.

아직 어스레한 새벽인데 꼭꼬가 목청을 돋우고 뒤뜰에 새 한 마리 지저귄다. 궁궁 눈을 말똥 뜨고선, 혹시 박씨 물고 온 제빈가? 일찌감치 마루를 나선다.

울타리 안에 검정 병아리 넷, 등이 갈색인 병아리가 몇 마리냐. 어미 품속에 박혀 있을 땐 아예 보이지도 않는다. 어미가 장독 밖으로 나와 한 무리는 어미 곁에, 한 무리는 장독 속에 있는지라 헤아려 본다. 밖에 일곱, 장독 안에 서로 뒤엉켜 있는 놈이 아홉? 고것 헤아리느라 세고 또 센다.

아직 깨어나지 않은 알이 있는데 그게 다섯 개야. 어찌 된 건가? 그중에 하나는 구멍이 나 있으니 만져본다. 부리가 보이는데 온기도 없고 움직임도 없구나. 아궁이 앞에 가져다가 껍질을 깨어 보니, 알 속에 꽉 찬 병아리, 숨길이 없구나. 아궁이에 넣어 태우고.

야생들깨를 병아리 먹이로 주고, 장에서 사온 달걀을 삶아서 먹이로 준다. 궁궁이 듣기로, 어린 새끼 때 노른자위를 삶아먹이면 튼실하게 잘 자란다 했으니. 아예 흰자위까지 함께 주는데, 병아리보단 꼭꼬댁이 덥석덥석 먹어댄다. 닭이야 젖을 먹이는 것도 아닌데, 하긴 봐준다. 알 품느라 고생이 이만저만 아니었다 하고.

그런데 칠칠치 못하게 부리 옆에 잔뜩 묻히는 건 뭐냐. 나중에야 궁궁이 알았는데 그게 새끼들 먹기 쉽게 하는 거야. 삶은 옥수수알을 주니 부리로 타다닥 쪼아서 떨어뜨린다. 병아리들이 몇 마리 달려들어 다투어 먹고……. 밤벌레, 고추벌레를 줘도 마찬가지야. 저 먹기보다 새끼 먹이길 앞세우는 어미닭이라.

그런데 꼭꼬는 어떤가. 울 밖으로 나와서 제 먹을 거 챙기고 다닌다. 먹이 한 톨 물어다 주는 꼴은 없고, 오히려 병아리와 다투어가며 먹어치운다. 거참 무정한 애비네, 제 새끼들인 줄은 아는지 해치지 않으니 다행이다~.

병아리 보느라 하루를 꼴까닥 보내고. 오늘도 먹이 주고 바라보고. 그 애비란 놈은 마당을 빈둥거리기만 하는데 궁궁은 애비도 아니면서 수시 때때로 병아리를 헤아리고 또 헤아린다.

궁궁이 멀뚱 앉아 있는데 꼭꼬가 화닥닥 날개를 치며 꽁지에 불난 듯 좌충우돌이다. 저게 갑자기 왜 저래? 둘러보니 담장께에 잡새들이 날아들었다. 그렇다고 평소엔 안 하던 짓을? 궁궁이 방에 있다가 화닥닥 날개치는 소리에 내다보니 꼭꼬 꼭꼬댁이 검돌 검순이와 맞섰다. 목을 길게 뽑아 목털을 곧추 세우고 날개를 펼친 게 임전무퇴의 기세. 검돌 검순은 엄버덩 째리고 있으니! 또 먹이 다툼인가 하고 보니, 아뿔사! 노란 병아리 한 마리 쓰러져 있거든. 고무신 신을 겨를도 없어 손에 들고 내달린다. 병아리를 입에 무는 검순, 고무신짝이 철퍽!

뻗은 채 할딱거리는 병아리. 물로 씻고 소독약을 바르고 울 안에 넣으니. 힘없이 할딱거리고 있다. 울 안에 가두어 두었는데 대체 어디로 나왔는가? 한쪽에 작은 틈새가 있구나. 오늘 여러 번 헤아려 본 바로는 열일곱 마리였는데 다친 놈까지 해도 열여섯밖에 안 되거든. 그새 한 마리는 집어삼켰는가? 여기저기 둘러봐도 흔적이 없다.

아직 남아 있는 네 알. 궁궁이 만져도 보고 귀에 대도 보고 하다가 기어이 칼 끝을 댄다. 하나는 썩었어. 하나는 도중에 죽었어. 또 칼 끝으로 톡톡 깨자 펑 하고 폭발이다. 그런 폭탄이 두 알.

아무튼 닭은 병아리 부대를 탄생시켰고, 북실이 녀석은 시집살이 하고 왔으니 두 달이면 새끼를 낳을 거라. 검돌 검순은? 궁궁이 드러누운 검순이를 보니 꽁무니 쪽이 제법 튀어나왔어. 살그머니 다가가서 보니 핏기! 음부가 뒤쪽으로 향했고 피 한 방울. 그건 곧 발정이 온다는 신호니. 그러면 올해 안에 새끼를 낳을 수 있겠다. 그렇게 모두들 대를 이어 보려는구나.

요것 보셔요

산골의 이른 아침은 꽤 서늘하다. 나무를 하든 토끼를 잡든 활동을 하면야 춥지는 않을 텐데. 자옥한 아침 안개가 발길을 붙드니. 잔뜩 웅그린 궁궁이 아궁이 앞에 눌러 앉았다.

종일 방구들에 있을 것도 아니니 땔감이 아깝기도 한데 소득이 없는 것도 아니야. 따사로운 불기운을 쬘 수가 있고 뜨끈한 물도 생기지. 또 널룽거리는 불꽃을 보면서 하루를 가누어 보는 시간도 되니.

맑고 따스한 가을날. 울 안에 병아리들 어미따라 나들이 한다. 뽀르르 뛰기도 하고 한쪽에 쪼그려 조는 놈, 어미보다 앞장선 놈, 아장아장 뒤따르는 놈……. 한쪽에 궁궁 입이 달싹달싹, 엄마 엄마 이리와, 요것 보셔요~. 병아리떼 종종종…….

그렇게 병아리 보는 것도 바쁜 게, 누런 놈은 다 같아 보이고 검은 놈도 구별이 안 되는데 어미품이 얼마나 넓은지 쏙쏙 파고들면 몽땅 사라지고 품에서 쏟아져 나와 톨톨거리다가는. 먹이를 물고 구석자리로 내빼는 놈, 떨어뜨린 먹이를 가로채 가는 놈, 큼직한 옥수수 알을 땅에 코닥코닥 쪼는 놈, 물을 콕 찍어설랑 고개 젖히는 놈……. 그 움직임이 또각또각 마디가 지고 제법 빠르기도 해서 마치 채플린 영화를 보는 거나 같아.

울 안에 꼭꼬댁이 꾸액꾸액 별난 소리를 질러댄다. 궁궁이 들여다보니 광에 돌벽 틈새로 머리 내민 뱀! 어미닭 기세에 눌려 도로 들어가 버린다. 궁궁이 돌멩이며 대꼬챙이로 구멍을 막고선, 돌틈 여기저기를 살펴본다.

찻길에 호들갑스런 노랫가락. 농협 판매차량이 왔다. 궁궁이 소주와 라면을 사는데, 쪼그랑 아저씨네는 웬 소주를 잔뜩 산다. 그 짐을 거들어 올라가니, 허연 돼지 한 마리 누워 있다. 내일 묘를 이장한대나 뭐래나, 행사가 있단다. 반질 아저씨며 휜칠이며 몇이서 돼지털을 벗기고 있는지라. 이건 또 소주 한 잔 하게 생겼구나.

허연 피부, 허연 털, 궁궁도 털 뽑기에 끼어드니 물 붓는 일을 맡긴다. 칼질하는 사람은 휜칠이 친구라는데, 배를 가르고 머리 자르고 등뼈를 발라내는 솜씨가 대단한 경지라. 궁궁이 눈알을 굴리며 보노라니, 휜칠이가 “잘 보고 배워.” 반질 아저씨도 금방, “그랴, 앞으로 돼지 잡게 되면 누가 할겨.” 장단을 맞춘다.

흐흐, 닭 한 마리 못 잡아본 놈한테 그런 심한 기대를? 암튼 그런 기회가 올지 어떨지 가늠하기 어려운데……. 개 한 마리 팔면 그런 돼지 두 마리 살 수 있단다. 궁궁이 두 배나 될 돼지가 십오만 원이라니.

돌판 위에 돼지고기 구우며 소주잔이 오간다. 칼 솜씨 좋고 구레나룻이 텁텁한 그 사람, 궁궁이 같은 또래라는 말에 끔쩍 놀란다. 한 십 년은 겉늙었으니. 소주잔이 오가고 인정도 오가는지라. 우리 면에 동갑내기 모임이 있다면서 궁궁도 거기에 끼워주겠다 한다. 게다가, 장가 보내는 것쯤은 문제 없다, 장담을 하니. 궁궁이 술잔을 또 건넨다. 반질 아저씨 말하길, 그 동갑내기들은 교분도 좋고, 우리 면에서 주먹질로든 일하기로든 꽉 잡고 있어~.

휜칠이, 배추 뽑으러 간다는데 궁궁도 함께 나선다. 배추 한 트럭 싣고선, 칼잡이 친구가 트랙터를 몰고 다니는데 뒷바퀴가 궁궁 어깨까지 와. 그 차에도 타 보고. 저녁밥은 또 쪼그랑 아저씨 집에서 마을 어른들이랑 함께 먹고.

밤에 전화가 왔으니 그 형인데. 일이 제대로 안 돌아간다며 웬만하면 서둘러 내려오라 한다. 궁궁이 돌아앉아 툴툴대길, 나참, 이렇게 시골 생활을 방해하는 세력이 있다니! 참 고약타. 하긴 세상에는 이런 것말고도 뭔가 잘 보이지 않는 장치가 분명 있긴 있으렷다…….

숨어 있는 것들

궁궁이 개들이랑 밭으로 가서는 널럴한 고구마 이랑을 본다. 길게 뻗어난 줄기가 땅에 닿는 곳마다 다닥다닥 뿌리를 내렸다. 호미를 대니 거기서도 새끼손가락만한 고구마가 나와. 그럼 고구마가 얼마나 되는 거냐.

개들이 짖더니 향나무집 할배가 왔다. 한 말씀 하길, 줄기가 뿌리박지 않게 들어줘야 원뿌리에 고구마가 크게 달려. 궁궁이 속으로, 아니 그렇게까지나? 고구마가 천성대로 자랄 텐데 그걸 뜯어말려서라도 크게 키워?

암튼 그 잔뿌리 고구마도 개나 닭 먹이로는 되겠으니. 들추고 파는데 그게 캐자니 힘들고 버리자니 아깝고. 고로케 깨작거리는 궁궁한테 할배가 소리치길. 이제 조만간 서리가 내리면 고구마가 얼어서 먹지도 못하게 돼. 고구마뿐 아니라 고추든 팥이든 마찬가지야!

고놈 가슴이 철렁했것다. 아니 서리가 그렇게나 독한가? 그나마 공들여 지은 농사, 허사가 된다니! 할배가 내려간 뒤, 다섯 이랑 고구마 밭을 후루루 째리다가. 낫으로 줄기를 자른다. 그물처럼 뒤엉킨 줄기를 베고 젖히고. 겨우 한 이랑에 핵핵거리다가 호미 들고 이랑을 판다. 고구마가 발간 옷 입고 들앉았다. 원뿌리말고 고랑께에도 더러 반 주먹짜리, 호도알짜리가 숨었거든. 그마저 놓칠새라 여기 파고 조기 파고, 보물 찾듯이 퍼덕퍼덕. 여남은 걸음 파고는 이랑 끝을 건너다 본다. 이 엉터리 농사꾼이 아이고 이랑이 너무 길다 멀다 한탄이다가.

다음날, 고구마줄기 반 아름 꺾어서 먹을 거라고 젖혀 놓고. 이제 감이 좀 잡히는지라 이랑을 쓱쓱 파니 진분홍 알맹이들이 오로록 드러났다. 일여덟 알 건지고, 서너 알도 거두고, 어쩌다간 열두어 놈 붙들고. 잔챙이도 끼어 있지만 큰 놈은 꽤나 커서 두 손 그득하다.

그렇게 한 이랑 반을 캐고. 큼직한 포대에다 담으니 얼추 두 포대다. 하나를 지게에 얹어 비뚤비뚤 내려온다. 올해 고구마 농사는 성공이구나. 얼추 삼백 줄기 심었으니, 한 곳에 예닐곱 알로 치면 그게 얼마냐. 날마다 다섯 개를 먹어도 일년은 먹겠구나.

저녁답이 되어 또 지게 가득 고구마로 문간을 들어선다. 마루에 고구마 포대가 줄을 섰구나. 근데 궁궁 표정이 어째 허수룩하였으니.

아무래도 뭔가 모자라. 대체 뭐가 얼마나 모자란 거냐. 이렇게 수확을 할작시면 입이 벙싯하고 에헤라 콧노래도 흘러나오련만. 뭐가 이리 어뭉한 게 얄궂네 얄궂어라. 아무래도 그렇다. 낑낑 한 지게 해 오면, 아이고 많이도 캤네, 올해는 고구마가 풍년이네, 반길 이나 있어야지. 그저 허리도 아프고 메아리만 허허롭다.

궁궁이네 마루에 수북한 고구마 언덕이 생겼어. 남은 한 이랑마저 쌓으면 마루가 견딜라. 비닐 봉지에다 실한 고구마 담아서는 밭 관리자 뚱보 할매한테 한 봉지 드리고. 밭을 주선해준 향나무집 할배한테 한 봉지 드리고. 이장댁에는 고구마 농사를 지었으니 관두고, 내친김에 옆집에도 한 봉지 드리고는 갓 담은 열무김치 한 냄비 얻어온다.

궁궁이 그렇게 고구마를 캘 동안에 세상에선 뭔가 다른 걸 캤나 보더라. 요 며칠 라디오에서 '전 대통령의 비자금이 있다', '비자금을 밝혀라' 해쌓더니 드디어 그 일부가 확인이 되었다니. 그렇구나. 캐긴 캐었구나. 음험하고 무성한 그 뭉치를. 그런데, 그런 부패야 진작에 소문이 자자했고 알 만한 사람은 다 알던 건데 이제야 꼬리를 잡았다?

궁궁이 고개를 꼬고 있다가, 비자금이니 뭐니 그런 건 겨우 앓는 이 하나 정도다 이거야. 발표나 기록이 다가 아니야. 구름에서 백설과 미향을 뿌리니 묻힌 진실이 얼마이며, 길목마다 덫을 놓고 물구덩이 숨겼으니. 세상에 도깨비 물귀신이 없다 하랴.

해가 뉘엿할 적에 궁궁이 밭으로 가니. 바람이 휭휭 불어대 모자가 저만치 날아가다가 고춧대에 걸렸다. 벌써 겨울바람을 연습하듯, 아직 많이 차갑진 않아도 그 위세는 꼭 닮았구나.

그것을 뭐라 했나

세상나들이 스무날을 넘긴 병아리들, 울 넘어 마당을 다닌다. 제법 길쑴한 몸매에다, 날개죽지에 무늬가 생기고 꼬리까지 뻗쳤다. 벌써 꼬마들한테 아주 인기가 좋아서 몇 마리 빼앗기고 또 몇 마리는 사고로 뻗고 해서, 아홉 마리 남았구나.

오늘은 일찌감치 불 때놓고 애호박에 칼질을 한다. 한참만에 예닐곱 개 썰어서 윗목에 고추 곁에 널었다. 이부자리 깔고 보니 좁은 방이 빼곡하다. 한편에 고구마 포대가 다섯이요, 풋고추가 한 포대, 고구마 줄기 한 봉지에 단감도 한 봉지, 구석에 책 몇 권, 그 곁에 콩 바구니, 붉은 고추가 한 뙈기, 애호박이 두 뙈기다. 그뿐인가 머리맡에 밥상, 라디오, 물병, 술병, 재떨이…… 아이고 무슨 살림살이가 이리 많은고. 그러고 저기 말라 쭈그러지는 가지 몇 개는 또 어쩐다지?

따끈따끈한 이불 밑에서 세상소식을 듣노니. 목하 비밀자금 수사가 한창이라. 재벌 총수들이 줄줄이 검찰에 소환이요, 부동산에 투기했다는 의혹이 사실인가 하오, 해외로 빼돌린 재산에 대해서도 실마리를 잡았소, 그렇게 숨기쁘게 아뢰나니.

궁궁이 말똥말똥 듣다가 흠, 이번에는 뭔가 시원스런 수사가 이루어지려나? 헌데 과연 돈이 뭐길래 그렇게나 대단한고. 왕후장상이든 장돌뱅이든 돈이라면 그저 사족을 못 쓰니. 실로 그 위력을 가늠하기 어렵구나. 만약에 그런 뇌물을 돈 아닌 쌀이나 옷감 따위로 받았다면 멀리 스위스 땅에 감추기란 얼마나 번거로울 것이냐. 혹시 돈의 간편함, 그게 폐해를 가져오기도 하는가? 가물가물 세상살이를 헤매는구나.

돈이란 그게 실로 이상한 게, 뭐든 돈으로 가격을 매기다 보니, 돈이 가치를 재는 제왕이 되었다. 돈 안 되는 건 아예 거들떠볼 가치조차 없어. 애재라, 하늘 아래 저 햇살, 숲 속의 새소리는 어이 공으로 얻는가. 사람들이 그들의 용도만 키우고 키웠으니, 용도 없는 건 폐기 대상이라. 신이여, 천지에 잡산 잡초가 왜 이리 많습니까.

궁궁이 라디오에서 세상의 요상한 모습을 전해듣고 한참을 헤매다가 문득 한 생각이 들었으니. 사람과 사람 사이에 어긋남을 줄이는 것, 그걸 뭐라 할지? 대충 아마 정의쯤이라 했겠다. 그 정의를 세우는 일은 아주 중요한 일이 아닐 수 없다. 그러면 사람과 자연 사이에 어긋남을 줄이는 것, 그걸 뭐라 할지? 음 음. 뭔가 이름이 있을 것 같은데…….

얼렁뚱땅 나오는 대로 진실, 성실이라 불러 보고는 고개를 꺾고, 환경? 하고는 또 평화? 음 그도 아니면 철학? 과학? 하나하나 대 보는데 딱히 성에 차지 않는지. 그것이 무엇이냐, 망연히 더듬는다. 누군가 그걸 꿰고서 언행을 했을지면 무슨 이름자가 전하지 않으랴. 그런데 어이 이리 막막할꼬. 내 견문이 이리 짧은가 하고는 혼자 탄식이다. 혹시 옛사람들은 그걸 뭐라 했을지……. 또 망연히 뒤지고 있다.

얘기하다가 깜박 이름자가 안 떠오를 때가 있지. 보면 그 이름자를 찾느라고 끙끙대고 아예 옆길로 빠지는 사람 말이야. 그냥 거시기 머시기라 하고 이야기나 계속하면 될 걸, 혼자서 고민을 하고 오도방정을 떤다. 그건 대체 무슨 증세야? 곁에 있기가 실로 갑갑하지.

자 이건 좀 다른가? 무슨 수수께끼가 되었나? 하긴 곁에 누가 있어서 함께 궁리를 나누리. 또한 그나마 재촉할 이도 없건마는. 저 혼자 묵념에 빠져 일어날 줄을 모른다. 궁궁이, 그렇게 끙끙 앙망 중에 저편에서 스르르 기어나온 것이 있었구나. 흠칫 째려본다. 그러니까 옛부터 뭔가 있는 것처럼 말하던 도. 혹시 이건가? 그렇게 도 도 해도 잘 모르겠더니. 아침에 도를 깨치면 저녁에 죽어도 한이 없다? 대체 어떻게 생겨먹은 거라서 그렇기나 하련가 말이야. 하여간 혹시 이렇게나 연결이 되는 것이련가? 에라, 그렇겠다. 얼렁뚱땅 때려잡고서, 이제 한번 작문을 한다.

사람과 자연 사이에 어긋남을 줄이고 줄여서 온전히 도를 이룬다면, 아 그런 세상이 가능이나 하련가? 사람들은 언제부턴가 정의라는 탑을 세우기에 급급하고도 늘 모자란다. 하지만 바닥에 도가 없다면 탑을 세운 뒤에 남는 것은 무엇일지.

날아라 춤춰라

궁궁이 불을 때고서 병아리한테 옥수수 모이를 주고 있는데 아랫집 어른이 암캐를 몰고 왔다. 엊그제도 검돌이랑 한 번 성사를 시켰는데 오늘 또 한 번 붙었으니.

수놈을 붙여주면 나중에 새끼 한 마리 준다던데, 궁궁이 검돌이 밥값을 계산하고 있자니. 그때, 꼭꼬가 다가와서는 화다닥 뛰어오르며 어른네 가슴팍을 할퀸다. 요놈 봐라, 어른이 발길질을 하니 저만치 달아난다. 개들 보고 섰자니 이번엔 화단 쪽에서 슬금슬금 다가와 또 공격이다. 궁궁이 쫓으려 하니, 어른이 손사래 치며 냅둬 하곤. 요까짓 게 하면서 대적을 한다. 목털을 곧추세운 꼭꼬가 풀쩍 솟구치며 공격, 그걸 비스듬히 피하며 발길을 내두른다. 슬금 물렀다가 화닥닥 할켜대고 움찔 비키며 휘릭 발길질. 한쪽은 날춤이요 한쪽은 발춤이라……. 혼자 보기엔 아까워라.

하긴 임자 있는 닭이라 적당히 대적삼아 놀아 보건만 꼭꼬는 이판사판이니. 이러다간 언제 끝이 나려나? 그렇게 한참 닭춤 발춤을 추다가 어른이 손발을 다 휘둘러 몰자 저만치 달아난다. 숨길을 몰아쉬며 한 말씀. 그놈 참 대단허네.

마을에서 관광여행을 간다며 궁궁도 끼워 넣었것다. 스무남은 사람이 관광버스에 올라 죽령 넘어 성류굴도 구경하고, 동해 바다를 끼고 달려 제법 큰 어촌 후포에 닿았구나. 해질녘 갈매기들 날고, 어물 파는 가게며, 얼음 실은 리어카며……. 낯선 풍경도 구경하고 생선회를 사서 다시 버스에 오르니.

차를 오래 타는 것도 피곤한 일인데 자리에 가만히 앉아 있는 것도 아니야. 쩡쩡거리는 반주에 맞춰서 비좁은 복도에서 몸을 흔들고 놀아댄다. 궁궁도 기어이 끼어서 삭신을 흔들어대고……. 어둑해서야 온천이 있는 백암에 닿았구나.

길쭉한 방 둘. 한쪽에 남자 한쪽에 여자, 그렇게 자리를 잡고. 온천탕에 목욕들 하고, 그냥들 자기엔 서운하다고 노래방 찾아나섰다가 춤추는 술집에 유치되었거든. 다들 멀뚱히 앉아 술이나 따르는 중에, 보릿자루 궁궁이 한 또래 아줌마한테 이끌려서 기어이 블르스를 땡기니. 환갑 노인네들, 이제 춤 좀 배워둬야겠노라고, 춤만 출 줄 알면 그깟 여자 붙잡기 별것 아니라고 한 말씀씩 한다.

여관방에 돌아와 다시 술자리 벌이니 노인들 이바구가 길다. 늦게야 잠자리를 깔았건만 커피 탓인지 불빛 탓인지 잠 못 드는 궁궁. "그게 자주 써야 녹슬지 않어~" 무슨 이야기가 귀를 두드린다. "한 달에 한두 번은 해야지 그게 말여." "아녀, 일주일에 두어 번은 안아줘야 혀." 궁궁 뒤척이며 자는 척한다.

온천탕에 몸을 풀고 다시 버스가 달리니, 몇 사람이 흥을 돋워서 차안이 뜨거운 열기다. 반질 아저씨가 마이크를 잡고 열창을 뽑어내고 궁궁도 덩실춤이라. 주왕산에 당도해 폭포도 구경하고 주막에서 동동주 술판에다 돌아오는 길에도 춤판이라.

글쎄 궁궁더러 춤 잘 춘다고 그러는 이도 있어서. 궁궁이, 내 덩실춤이 괜찮았나? 그게 춤이란 것도 별것 아니구나. 팔은 그저 덩실거리고 무릎을 구부렸다 폈다 하는 정도였는데……. 하긴 구불길을 달리는 버스가 율동을 보태고, 휴지 두어 뼘 흔든 것도 보탬이라. 그보다 춤이란 흥에서 나오는 건데 제 속에 어디에 그런 흥이 있었던가.

그런 여행으로 마을 사람들과 더욱 가까워졌거니. 그런데 한 가지 걱정이, 머지않아 떠나야 할 처지가 굳어지고 있었으니…….

만나고 헤어지고

궁궁이 여독을 푸느라 실컷 자고서, 아궁이에 불을 넉넉하게 땐다. 오늘은 두 친구가, 그러니까 지난 겨울에 여기까지 데려다준 둘이가 오기로 되었더라.

집임자인 목동은 오며 가며 들르고 더러 묵고 가기도 하고. 한 친구 도봉은 올 기회가 없었으니. 저녁 무렵에 목동이 먼저 왔어. 함께 읍내에 나가서 술잔을 기울이며 기다린다. 도봉은 한밤중에야 도착이라. 돌아와서 쓴술을 마셔가며 이야기를 나누노니. 방바닥은 뜨끈하고 촛불은 아늑하다.

느긋한 아침. 마루에 앉은 도봉이, 닭이 집 분위기를 바꾸어 놓았구나 하고 평을 한다. 아니나 다를까 목동이 마당에 내려서자 꾹꼬가 달려와 검문을 한다. 목동은 급히 뒷간으로 달아나고. 좀 있다가 도봉이 마당에 내려서자 꼭꼬가 또 뽀르르 달려온다. 역전의 용사 꼭꼬, 풀쩍 솟구치는데 얼씨구 한방에 허를 찔렸다. 허겁지겁 달아난다. 잠시 저만치서 노니다가 다시 공격이다. 채이고 쫓겨도 또 다시 달려드는 막무가내 투지! 그래서 침입자의 간담을 서늘케 하고 이웃고 조심과 찬탄을 일으켰구나.

개들 데리고 저수지로 산책이다가 날씨가 흐렸는데, 셋이서 목도 강변에 나갔으니. 이제 매운탕집에 둘러앉았다. 궁궁이 어물어물 말을 꺼내어 고향쪽으로 가게 되었다 하니, 친구는 또 착잡하다 한다. 시골로 달아난 지 얼추 한 해, 그나마 생기를 되찾고 살아 있어 반가웁다가, 이제 또 멀리 남쪽으로 짐을 싼다니 말이다.

하긴 친구라 해도 함께 하는 게 뭐지? 자, 함께 하기론 이랬지. 오로도로 산자락 터전에서 낮이란 함께 끼고 살고 밤이란 함께 베고 살고. 그런 마을에 그 정이 어떠하냐. 한편으로 궁궁한테 친구가 아쉽고 아쉬웠으니. 고민도 나누고 꿈도 희망도 나눌 벗이, 마을에 그런 벗이 두엇만 있다면 얼마나 좋아? 한 인생도 기구한지고. 친구 따로 이웃 따로, 구르고 떠도는 여정이니. 언제나 훤칠이처럼 고향산간에서 벗들과 살아나 볼꼬.

궁궁도 말이 없다. 이제 멀리 남쪽으로 가면 친구와도 더 멀어지니 그것도 이별하는 심정이요, 게다가 당장 마을사람들과 어떻게 작별을 하나……. 개들은 어쩌고 닭들은 어쩌나.

추슬추슬 비가 내린다. 돌아와 구들에서 한숨들 자고 이제 두 친구가 떠날 때, 고구마랑 몇 가지 작물을 담아준다. 지난 겨울보다야 한결 느긋하구나. 하지만 작별이란 좀은 서운한 것, 일찌감치 눈감고 누웠다.

술래놀이

병아리들 풀쩍풀쩍 담장을 오른다. 검돌이는 또 웃집 개랑 정분이 나서 들로 산으로 풀쩍풀쩍 다닌다.

궁궁이 한해 동안에 거둔 보물, 들랑날랑 볕에 말린 서 근 고추며 지게로 나르고 나른 고구마며 촛불 아래 며칠밤을 까고 깐 콩이며 팥이며 옥수수며 그런 게 있었더라. 그건 차마 팔 수도 없어서 고이 모시다가 그걸 시세로 따져본다고 손가락을 꼽아쌓더니 그 얼굴이 흐리멍텅해졌다. 제딴엔 예사 공이 아니었건만 그게 담뱃값 술값밖에 더 돼.

초짜 농사, 눈앞이 감감하다. 그나마 궁궁이 좀 변하긴 변했으니 그 손이 변했더라. 손톱 밑에 흙때가 낀 것도 그렇고. 한번은 길가에 앉아 버스를 기다리는데 손이 길옆에 풀을 바득바득 뜯고 있거든. 삼백 평 밭을 가꾸면서 비록 풀한테 이기진 못했지만 얻은 것도 적지 않았지. 제 손으로 심은 작물이 움트고 자라는 걸 보는 그 낙이 쏠쏠했어. 또 하나 건진 게. 세상에 하고많은 중심이 있어서, 정치의 중심에, 금융의 중심에, 교통의 중심, 환락의 중심, 교육중심, 게임중심, 정신중심…… 하여튼 허다하게 중심을 뽐내더라. 중심 아니면 별 볼일 없는 거다. 아아 중심에 가고 싶다, 중심에 서고 싶다 이거야. 궁궁도 중심을 하나 챙겼으니. 나무가 땅의 중심을 딛듯이, 바로 여기가 삶의 중심이다 했더라.

그런데 농사란 게 그렇다. 쪼그리고 구부리고 뻘뻘 기면서 기슴 매는 게 일이라. 아이고 허리야 다리야. 그게 아무래도 체질에 맞지가 않는다 이거야. 그래서 제초제란 게 나왔건만 그건 또 아니다 하고선. 마냥 체질에 맞는 거, 체질 타령을 하는구나.

마루와 마당을 오가며 궁리를 한다. 시골에서 오붓하게 살자면 땅이 얼마만큼 있어야 될까? 한쪽에 닭이며 염소를 키우고, 한쪽에는 갖가지 나무를 심자. 밭은 얼마나 해야 할까. 오막살이에 천 평 땅이면 살 수 있을까, 둘이서? 그것도 숙제긴 한데, 어떡해야 그걸 장만해? 고향집터도 없는 처지라 아무래도 돈이 있어야, 그것도 제법 많이 있어야 되겠으니. 아고고, 대체 남의 종살이를 얼마나 해야 할지, 그 끝에 그런 날이 오기나 할지. 앞날을 어이 아리오만 한 가닥 희망을 챙겨두고.

하루는 승용차가 와서 차 뒤편 좁은 곳에 검돌이를 실었다. 강아지 때 데려왔던 그 친구다. 비록 떠나더라도 아랫집 웃집 개랑 정분을 텄고 또 전번엔 검순이랑도 했으니 그만하면 활약이 컸지. 궁궁이 밭에서 거둔 보물들도 차편에 실어서 어미한테 보낸다. 자 그렇게 하나 둘 정리가 시작되었는데.

기어이 한번 찾으리라 서원을 했던 것. 아홉쯤 된다고 한 그건 어찌 되었나. 생각을 이리 뒤집고 저리 뒤집고 꿈길을 헤매고 숲길을 헤쳐도 종적이 묘연하니. 아예 손놓고 지내다가 어쩌다 껌뻑 생각이 들면, 여기서 이렇게 빈둥대는 시절에도 그놈을 못 찾는다면 또 어디서 무슨 수로 찾는단 말인가. 애초에 무슨 방법이 잘못 된 건지 그것마저 구름속이라. 어쩌면 꼬리가 아홉인지 머리가 아홉인지 그것도 장담이 없구나. 에라, 이번 생엔 꽝인가 보다. 다음 생에나 찾아볼까.

그 술래 하기가 어렵구나. 궁궁이 마당 한쪽에서 중얼대길.

스며라 금빛 주술이여
올올이 번져라 눈부시게 피어라
빈 들에 낙과가 쌓이는 날
고개 들어 금빛 하늘을 보리라.

놀라운 체질

어른들이 혀를 차면서, "요즘 애들은 정말 싸가지가 없어." "세상이 참 말세야. 대체 어찌 되려는 건지." 이러기를 동서고금 오천 년이 지났다니. 에휴, 싸가지가 뭔지 세상이 뭔지. 대체 어디가 고장이야?

누구라도 꿈꾸는 이상세계가 있긴 있는 건지. 아 그곳에 가고 싶다, 그곳에 살고 싶다 한다. '이놈아 그런 헛꿈 꾸지를 말고 살 길이나 찾어. 열심히 돈을 벌든 출세를 하든 쌔가 빠지게 뛰란 말이야.' 그 말씀도 가하긴 하오. 하오면 고장난 시계 차고 평생을 살란 말이요?

자 그래서 세상에 위대한 종교, 불교에 기독교에 이슬람교에 바로이교에 깨우침과 가르침이 전해 오나니. 들으라 새겨라 따르라. 그런데 저기 저 모난 마음들, 뛴다 난다 친다 쏜다. 왜, 그렇게들 엇길로 빠지는고. 종교가 겨우 몇천 년밖에 아니 되어 그런가. 아니면 사람의 욕심, 그게 그리도 질긴 건가?

대저 산다는 건 뭘 바라면서 사는 건데 식욕도 바람이요 성욕도 바람이니. 그런 거 없이 뭐가 유지가 돼? 실은 지나친 바람이 문제다. 어디 한번 순진한 바람, 원시 바람만 챙겨 보자. 사람이라면 지닐 만한 바로 그것. 하나는 그렇지, 이 한몸 복락이라. 둘은 그래, 일족의 복락. 셋은 맞아, 후손들 복락. 단 세 가지. 정한수 떠놓고 빌고 빌던 바람이라. 이 정도 바람을 과하다 할 수 있을까. 제비도 그렇고 노루 사슴도 그런즉.

자 그 세 가지가 있는 곳, 일찍이 그곳을 이름한 것이 없지 않았더라. 낙원이요 선계라. 사람이 애초에 거기에 살았더란데. 어쩌다 객지로 타지로 한정없이 떠돌던고. 그러고도 그곳을 그리고 그리다가 기어이 낙원을 세우긴 세웠으니. 아 삼삼한 그곳, 없는 게 없는 파라다이스. 문명낙원이었더라. 그런데 그 입구에 이런 팻말이 섰으니. '공짜는 없다.' 이제 그 입장권을 사려니 그게 얼마야?

한편에 그런 문명낙원을 가짜다 하고선, 아직도 원조낙원을 찾으리라 꿈꾸는 이들이 있었으니. 거기엔 또 어이 해야 갈꼬. 언제나 무슨 수로 찾아갈꼬. 한쪽에선 못 간다, 이미 문 닫았다 하고. 한쪽에선 저기 있노라, 바로 이 길이다 하니.

일찍이 그 체질이 이러하였더라. 반신반인이요 반인반수라.

두고 간다

한 사흘 기척 없다가 나타난 궁궁이, 식솔들 점검하랴 아궁이에 불 때랴 어쩌랴 할 적에 큰기와집 할머니가 왔구나. 뒤이어 대문간에 지팡이 짚고 꼬부랑 할미들이 올망졸망 들어선다. 함께 모였다가, 어찌 지내나 하고 들러보니라. 마루며 툇돌에들 걸터앉아서 두런두런하며, 방이 써늘하다 한다.

사탕을 내놓는 궁궁이다. 그러잖아도 마을 분들께 작별 인사를 어찌 할까 걱정이었는데, 부득불 할머니들께 입을 열어서,

“이제 고향 쪽으로 가게 되었어유.” 고하니.

일변 서운해 하면서 “시골에 있으면 장가 못가.” 장가들었다는 소식이나 전하라는 말씀에다가, 이장댁 할머니, 병아리 기르겠다고 팔

고 가라 한다. 그럴거나? 병아리는 마을에 남기고 큰닭 둘을 데리고 가? 큰닭이 당장 알을 낳아 좋긴 한데 기를 장소가 마땅치 않으면 어째?

날이 어두울 적에, 궁궁이 큰닭 둘을 상자에 담아 건너로 간다. 도중에 낑낑대다가 상자를 내려놓고 쉰다. 이장댁에서 암탉 한 마리를 빈 방에다 키우고 있다니 거기 함께 살아라. 이장님 부어주는 소주 몇 잔 받아 마시고 대문간을 나온다. 그렇게 큰닭 둘을 두고 간다. 산등성 위에 둥그런 달이 밝구나. 반질 아저씨 집에도 갔다가 작별을 고하고 나오니 달이 높았다.

아침나절에 마루에 앉은 궁궁, 건너편에서 들려오는 꼬끼요오~ 소리에 귀를 기울인다. 분명 꼭꼬 소리러라. 여러 차례 울어댄다. 병아리들도 그 소리를 듣는구나.

보살님한테 인사하고 내려온다. 쪼그랑 아저씨 집에 막걸리 한 병 놓고서 이런저런 이야기다. 며칠 전에 시알 지냈다며 부침개며 떡이며 안주거리 나왔다. 쪼그랑 얼굴을 더욱 쪼그리며, "또 마을사람 하나 없어지네." 한다.

궁궁이 전에 마을사람 한번 돼보자 하였던즉 글쎄 어느 정도 되었는지 몰라도 그렇게 정 두고 간다. 막걸리 한 되가 비도록, 농사꾼 목청이 높아간다. "다른 물가에 비해 쌀값이 그리 오른 게 아닌데, 왜 그리 야단들인가 말여."

지금까지 묵묵히 살아온 농사꾼 아주 열받았다. 세상에 무슨 방식이 있었던지, 돈만 있으면 쌀은 쌀가게에 쌨다 이거야. 그게 현실은 현실인데 하긴 궁궁 같은 놈만 있어봐. 제가 거둔 건 아주 보물이라 팔 줄을 몰라. 흐흐흐 다들 그러는 시절이 오면 그땐 좀 달라질까.

궁궁이 올 적과 달리 이번엔 짐차가 필요했는데. 집임자 목동이 또 왔구나. 동창한테 작은 승합차를 얘기해 놨다며, 함께 동행하겠다 했으니. 친구가 뭔지 그 정이 고맙네. 차가 늦게야 도착한지라, 그러다 보니 미리 한숨 자고 떠나기로 하여 출발이 오밤중 두 시로 잡혔더라.

쿨쿨 좁은 방에 셋이 자는데. 문간에서 눈을 감고 뒤척이던 궁궁이 부스스 일어난다. 마당에 나서니 달빛이 아스라하다. 사철을 지내며 정들인 곳, 몸 누이던 방, 늦은 밤의 고요, 이제 제법 익숙해진 촛불……. 그런 것을 두고 간다. 자그만 달무리 발그레하고, 별들이 널찍이 에워쌌다. 짐은 차곡차곡 실렸고 이제 검순이, 북실이를 데리고 병아리 네 마리에 호박 네 덩이도, 삽도 챙겨서 먼 길을 가야 하니.

황색등 몇 박혀 있고 어둠 속에 조요한 마을. 지난 겨울 호젓이 울어대던 부엉이 소리는 아직 들리지 않고, 추위가 먼저 찾아왔다. 겨울이 길긴 해도, 춘삼월이면 너도나도 싹을 디밀 온갖 풀씨들 여기에 있음을 안다.

궁궁이 아까 저녁 때 젊은 오빠께, 그동안 신세 많이 졌습니다 인사하니, "신세진 게 뭐 있어. 맑은 물 맑은 공기, 거기에 신세진 거지." 이랬으니. 그래 마을 분들께도 신세졌지만 이 터전에도 신세가 컸다 하고. 오롯한 마을을 에우고 있는 하늘, 산천, 초목…… 손모아 꾸벅, 달님한테도 꾸벅 하고선. 다시 찾아 뵈어야지, 그렇게 되겠지, 그렇게 되기를 바래야지. 그때 이 자연과 이 마을은 어떤 모습으로 맞아 줄지…….

저어기 산너머로 희끄름 동이 튼다. 산 넘어 고개 넘어 구름이 가네. 산길 따라 들길 따라 냇물이 가네.(♣)

남南으로 창窓을 내겠소

— 김상용

남으로 창을 내겠소.
밭이 한참갈이

괭이로 파고
호미론 풀을 매지요.

구름이 꼬인다 갈 리 있소.
새 노래는 공으로 들으랴오.

강냉이가 익걸랑
함께 와 자셔도 좋소.

왜 사냐건
웃지요.

여기서 뭐 하시예

초판 1쇄 인쇄 | 2011년 5월 2일
초판 1쇄 발행 | 2011년 5월 7일

지은이 | 허미달
펴낸이 | 이복주

등록 | 제9-302호(1992. 3. 18)
펴낸곳 | 도서출판 장백

주 소 | 150-848
서울 영등포구 신길3동 347-260 301호
전 화 | 02-832-0123

ISBN 978-89-7957-222-3 03810